美索不达米亚：文明的诞生

IL ÉTAIT UNE FOIS
LA MÉSOPOTAMIE

[法]让·博泰罗　[法]马里-约瑟夫·史蒂夫　著

秉彝　译

SPM
南方传媒　花城出版社

中国·广州

图书在版编目（CIP）数据

美索不达米亚：文明的诞生 /（法）让·博泰罗，
（法）马里-约瑟夫·史蒂夫著；秉彝译. -- 广州：花
城出版社，2025. 4. --（纸上博物馆）. -- ISBN 978-7-
5749-0446-0

Ⅰ. K124.3

中国国家版本馆CIP数据核字第2024GY3185号

著作权合同登记号 图字：19-2024-329 号

For Il était une fois la Mésopotamie:

First published by Editions Gallimard, Paris

© Editions Gallimard, collection Découvertes 1993

本书中文简体版专有版权由中华版权服务有限公司授权给北京创美时代国际文化
传播有限公司。

出 版 人：张 懿
项目统筹：刘玮婷 林园林
责任编辑：张 旬
特邀编辑：吴福顺
责任校对：汤 迪
技术编辑：凌春梅 张 新
封面设计：刘晓昕
版式设计：万 雪

书　　名　美索不达米亚：文明的诞生
　　　　　MEISUOBUDAMIYA: WENMING DE DANSHENG
出版发行　花城出版社
　　　　　（广州市环市东路水荫路11号）
经　　销　全国新华书店
印　　刷　天津睿和印艺科技有限公司
　　　　　（天津市武清区大碱厂镇国泰道8号）
开　　本　710毫米×1000毫米　16开
印　　张　12.75　　1插页
字　　数　196,000字
版　　次　2025年4月第1版　2025年4月第1次印刷
定　　价　78.00元

如发现印装质量问题，请直接与印刷厂联系调换。

购书热线：020-37604658　37602954

花城出版社网站：http://www.fcph.com.cn

在马里、豪尔萨巴德、埃利都和乌尔，
探寻美索不达米亚的历史踪迹。

伦纳德·伍莱 | Leonard Woolley
《迦勒底的乌尔》，1930 年

一天，一个工人在我眼前发现了一块白色长方形石灰岩小石碑，上面刻着铭文。我把它递给站在我旁边的加德先生。他读道："乌尔国王美萨尼帕达的儿子——乌尔国王阿尼帕达，为他的妻子宁－库尔萨建造了这座建筑。"这是建筑的第一块石头，也是我们最重要的发现。起初，这块小石碑并没有引起我们太多的兴趣——它是一份几乎读不懂的名单，但后来我们感到好奇了。第一个名字我们都不知道是谁，但第二个名字我们很熟悉。它不仅确定了这座建筑的建造日期，还揭示了古代历史的一整章。

1555

目 录
C o n t e n t s

人奥斯丁·亨利·莱亚德的领导下，尼姆鲁德的阿淑尔巴尼帕尔宫和尼尼微的辛那赫里布宫的发掘工程开始了。

第四章　故事从苏美尔开始　077

19世纪70年代，法国人埃内斯特·德·萨尔泽克在泰罗发现了用比阿卡德语更古老的语言——苏美尔语雕刻的铭文。其他大规模的挖掘也随之开始，如德国考古学家科尔德威在20世纪初对巴比伦的发掘，以及在20世纪20年代对瓦尔卡的发掘。

第五章　国际研究　113

第二次世界大战期间，国际小组中断了工作，并在冲突后恢复工作。20世纪80年代，伊拉克考古学出现，但自第一次海湾战争以来，挖掘工作就停止了。自2003年以来，抢劫和盗窃事件成倍增加，伊拉克国家博物馆于2009年才重新开放。

资料与文献　135

第一章
"波斯波利斯铭文"
的秘密

"古实又生宁录，他为世上英雄之首。他在耶和华面前是个英勇的猎户……他国的起头是巴别、以力、亚甲、甲尼，都在示拿地。他从那地出来往亚述去，建造尼尼微、利河伯、迦拉，和尼尼微、迦拉中间的利鲜，这就是那大城。"

——《旧约·创世记》第十章

在西方人重新发现美索不达米亚之前，阿拉伯地理学家曾访问过这里（上页图是10世纪的地图，存在部分颠倒）：西边是幼发拉底河及其支流，上游（哈布尔）和下游（运河），东边是底格里斯河及其两段扎卜河。波斯湾没有出现在画上。上图是16世纪一位画家想象的巴别塔和巴比伦。

经过三千多年的存在和光辉，又经过几个世纪的衰老，古老而壮丽的美索不达米亚文明在我们的文明诞生时就消亡了，但它的遗骸仍在滋养着我们。它被遗忘了近两千年，但在整个 19 世纪，它渐渐被重新发现，重生于人们的记忆中。这次复活非同寻常，堪称典范。首先开始的不是急躁的探险家、挖掘者和考古学家的工作，而是破译者和历史学家的工作，他们静静地坐在办公桌前思考、推测、比较和推论。正如勒威耶从来没有真正见过海王星，但他在方程式的测算中发现了海王星的轨迹，随后天文学家们便真的用望远镜看到了发光的海王星。在众多科学家无休止地联合工作之后，这个曾经消失的古代世界终于复现，而我们的任务就是对这个发现过程进行梳理。

第一批穿越《圣经》之地的旅行者

自第一个世纪以来，巴勒斯坦就一直是西方基督教徒的"故乡"，它接待的不仅仅有好奇者，

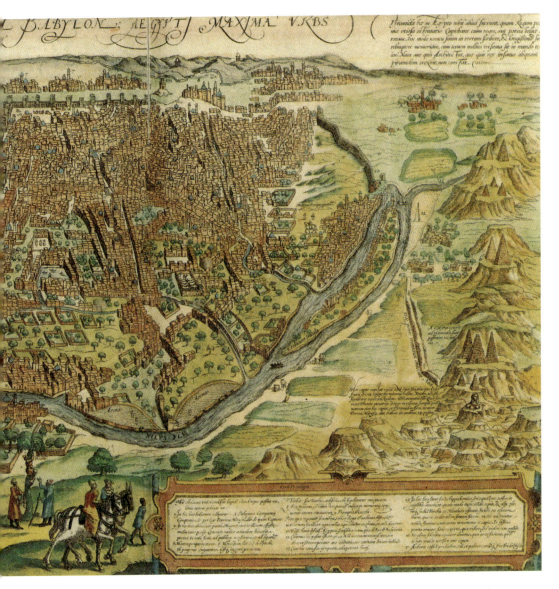

在这幅想象出来的巴比伦图片中，唯一真实的是幼发拉底河的形象。"巴比伦"的意思是"世界上最大的城市"，但它竟然在埃及！左边是彼得罗·德拉瓦莱认为的巴别塔遗址，而实际上，那是位于巴比伦西南两万米处的波尔西帕神庙遗址。

还有朝圣者，他们在那里四处游历，在返回时公布他们在这片圣地发现的东西。然而，在叙利亚－阿拉伯大沙漠腹地之外的美索不达米亚，已经引起了西方人在宗教等方面的兴趣；公元 363 年，罗马皇帝——背教

1770 年，丹麦裔德国地理学家卡斯滕·尼布尔（1733—1815）前往波斯和美索不达米亚（左图，穿着当地服装）。他在波斯波利斯待了三个星期，为那里的废墟着迷，并绘制了草图，抄写了铭文。

者尤里安在战斗中死亡后，黑暗和遗忘就笼罩了地球的这个角落。我们若想了解这个地方，除了通过阅读《圣经》里记录的内容，就只有翻阅在公元前 4 世纪到公元 4 世纪之间古希腊和拉丁历史学家——希罗多德、色诺芬、西西里的狄奥多罗斯、老普林尼、斯特拉波等人的记述。但又有谁会读这些，以期获取关于这个消失的国家的信息呢？

第一个发现这个遥远地区的人叫本杰明·德·图戴尔，他生于纳瓦拉，是一个犹太教拉比，他在 1160 年左右访问了摩苏尔及其周边地区，发现了亚述人居住的首都——尼尼微的废墟。自那以后的几个世纪，一些旅行者冒险跟随他的脚步，在回来后，像他一样，发表了自己发现的故事。这里仅提及最著名的人物：罗马的彼得罗·德拉瓦莱（约 1620 年）、法国人让 – 巴蒂斯特·塔韦尼耶（约 1644 年）、丹麦人卡斯滕·尼布尔（1770 年），他们从巴比伦来到波斯的心脏地带和波斯波利斯的巨大废墟。正是通过这些无畏的好奇者的叙述，西方一点一点地与这片曾经是文明世界中心的古老领土重新联系起来，但时间的流逝与其居民的文化沉睡几乎将这片领土变成了沙漠，点缀着一些乡村、城市，覆盖着废墟，然而，在美索不达米亚，这些废墟甚至还没有倒塌的石头悲壮……

1621年，彼得罗·德拉瓦莱在波斯波利斯临摹了欧洲最早的楔形文字（古波斯文，共5个），并且通过一封信把它们寄给了那不勒斯的一位朋友。他认为它们是文字，但不知道它们是以什么方式标记的，代表的是字母还是单词。

"国王吩咐用亚述文字铭刻自己的事迹，以令世人永远纪念"（贝洛斯）

他们都为砖头或石头上的奇怪标记所震撼，这些标记的形状像楔子或钉子，到处都能找到，似乎形成了一种神秘的文字。自彼得罗·德拉瓦莱以来，他们都把这些标记和其他遗物一起带回来，有的是一些标本，有的是比较忠实的复制品。但无论分布得广泛还是狭窄，它们都主要出现在波斯波利斯及其周围地区。

在尼布尔仔细地收集并出版了这些标记的副本后，他对它们的意义和内容产生了疑问，与此同时，一些历史学家也决定揭开这些不寻常档案的秘密。他们认为，只有当地有权势的统治者才

"米肖石"是欧洲已知的最早的楔形文字。植物学家 A. 米肖于 1782 年在巴格达购买了它，并在 1786 年将它带到巴黎，保存在国家图书馆。从 1802 年起，人们就试图给出一个异想天开的解释和翻译，但没有实现。它被刻于第二个千年结束时（据信离巴比伦不远），它是一个"库杜鲁"，即边界标志，上面有一份土地赠予的契约，上面还象征性地描绘着经文所召唤的神，以针对任何反对者或违法者。

能让人刻下这些繁复铺张的铭文，因这些铭文的发现地，大多是从岩石峭壁上挖掘出来的壮观坟墓。这些似乎都显示出，它们比公元226年至公元651年统治该地区的萨珊王朝还要古老得多；我们最终追溯到了古代阿契美尼德王朝（前558—前331），该王朝的第一位伟大统治者将该国从虚无中解放出来，并创建了波斯波利斯——其首都之一，古希腊历史学家曾提到过这一点。

大流士一世命人在波斯波利斯西北一万米的纳克什-鲁斯塔姆的岩壁上建造了他的坟墓。入口处有两块用三种语言镌刻的铭文，记述着自己的荣耀：顶部的那块保存完好，清晰可辨；下方的那块部分被毁。

这些铭文通常被刻在三个平行的柱子上，都是由同样的"楔形文字"元素组成，令旅行者感到惊讶。

然而，仔细观察，它们的符号从一栏到另一栏几乎没有重叠，而且，如果第一栏只有 40 个不同的符号，第二栏就有 100 个不同的符号，第三栏就有 500 个不同的符号！因此，它们一定是三篇完全不同的文字，用相同的基本特征绘制而成，显然每篇文字都包含不同的习语，但它们并列在一起，很可能是为了记录相同的话语。我们该怎么破译它呢？

大流士和他的儿子薛西斯一世各自命人在哈马丹（古波斯语称为"埃克巴坦那"，希腊历史学家称它为"埃克巴塔纳"）附近的埃尔文山山坡上的一个壁龛里刻了一篇大约 20 行的纪念铭文。我看得出来，上图左下角，有两个人在 1840—1841 年的波斯探险中临摹这些文字。该图是由两位艺术家 E. 弗朗丹和 P. 科斯特绘制的，他们的任务是尽可能精确地测量和绘制该地现存的古物遗迹。

商博良很幸运地从一开始就把自己建立在一种"双语"的基础上：一种完全可以理解的希腊语，其内容与邻近的象形文字栏相同，他想揭开其中的秘密。但三篇"波斯波利斯铭文"仍然难以理解。为了解读这些铭文，最明智的做法也许是先理解第一栏，因为其相对较少的字符数让人联想到一个更容易掌握的字母系统。并且，这样做还有另一个优点：倾斜的"钉子"似乎很好地隔离了挤在一起的符号组，形成了单词。

格奥尔格·格罗特芬（1775—1853）受到了哥廷根大学的敌对，该学院拒绝全面出版这位默默无闻的中学教师的决定性著作，甚至拒绝承认他是一位东方学家！最后他在汉诺威以高中校长的身份结束了他的公务员生涯。

1803 年，一个年轻的德国人奠定了破译的基础

格奥尔格·弗里德里希·格罗特芬，是哥廷根一位年轻的中学拉丁语教师。他根据前辈们提出的一些假设认为，要破译铭文上用神秘符号标记的未知语言，必须依靠专有名词，因为专有名词从一种语言到另一种语言的译法变化不大，更容易被识别出来。多亏了希腊历史学家，阿契美尼德家族成员的名字在王朝顺序上是很清楚的：居鲁士、冈比西、希斯塔斯普、大流士、薛西斯、亚达薛西斯……

通过仔细检查和比较最短、最容易处理的条目，格罗特芬注意到

了相同的"词"，它们由相同的符号组成，顺序相同；从一个铭文到另一个铭文，它们以相同的方式重复出现，有时有不同的结尾。但在它们之间，有些词可能以不同的顺序重复。在这些庄严的铭文面前，人们可能会想到我们所说的"皇室诏令"，例如萨珊王朝的统治者以他们的名字和头衔介绍自己，然后是他们祖先的名字和头衔："我是某某国王，某某国王的儿子，某某国王的孙子……"格罗特芬注意到一些反复出现的语音元素——如居鲁士、大流士和薛西斯中的"r"音，以及它们的位置在不同的铭文中的变动。这位精明的破译者，经过艰苦的试错、困惑和重复，终于相当清楚地辨认出并读懂了这些文字中出现的国王的名字：希斯塔斯普、居鲁士、大流士和薛西斯。因此，他获得了这些神秘文字的几个标志性符号的语音价值，从那时起，他便试图利用这些小小的成就更进一步：阅读或猜测插入这些皇室名字之间的术语。

事实上，皇室名字是不变的，而插入这些皇室名字之间的术语往往有一些词尾上的改变，暗示着一种"变化"的语言，如拉丁语中"雷克斯"（rex）、"雷日斯"（regis）两词的变化。这表明，最古老的波斯国王铭文中所用的语言——现在被称为"阿维斯塔"，曾经被称为"赞德"——已经是继任者的语言了。自 1771 年以来，这门语言随着《赞德 – 阿维斯塔》的出版而在欧洲为人所知。《赞德 – 阿维斯塔》是当地琐罗亚斯德教的神圣经

这个瓶子属于凯吕斯伯爵，瓶子上的文字于 1752 年出版。最初人们试图破译这个花瓶上的铭文，但没有成功。其实这些文字写的是薛西斯的名字和头衔，是由三种波斯波利斯铭文以及埃及象形文字刻成的。

尼布尔不仅复制了波斯波利斯的浮雕，仔细抄写了上面的铭文，而且通过仔细检查文本，他区分并确定了一些字符。对"第一部经文"（古波斯文），他统计出42个字符。他列出这些字符，并按它们的形式进行了适当的分类。这张表对格罗特芬来说是非常有用的，因为他首先研究了较短的铭文，包括这里转载的薛西斯的铭文。通过尼布尔所制的列表，我们可以发现相同符号组（头衔和亲属姓名）和不同符号组（专有名称）的交替出现。

文集。这样的猜想令格罗特芬想到，是"国王"和"儿子"这两个词将专有名词分开，从而实现了他在破译以"波斯波利斯最早文字"刻成的神秘铭文中的进步。

解开古波斯 42 个字符的全部秘密，用了 50 年

　　这一系列的推论和假设，仍然是谨慎的，但已经相互支持印证。在 1802 年 9 月到 1803 年 5 月间，即著名的"给达西埃先生的信"之前 20 年（正是在这封信中，商博良公布了他对象形文字的破译结果），格罗特芬将他的结论提交给哥廷根的皇家科学学会。但令人不解的是，该学会面对天才的光辉竟无动于衷。这不仅浇息了格罗特芬的热情，还给他后来的研究带来了厄运：他反复思考"波斯波利斯铭文"的秘密，但直到 1853 年去世，都未获得任何新的决定性进展，有时他甚至

在尼布尔之前，一些波斯波利斯铭文的副本已经存在，其中最可信的是由旅行家科尔利乌斯·德·布伦（又称勒布伦）绘制的，并由其本人于 1714 年在阿姆斯特丹出版。其中一篇（上图）曾被格罗特芬使用。

1771 年，法国东方学家亚伯拉罕·亚森特·安基提尔-杜佩隆（1731—1805）出版了琐罗亚斯德教的著作《赞德-阿维斯塔》，这本书对早期认真的破译尝试做出了很大贡献。尽管有其不完美之处，但这本书提供了波斯语最古老的两个时期的词汇状态：佩赫尔维语（"中波斯语"）和在它之前的"赞德"（"阿维斯塔语"）。这些数据使西尔韦斯特·德·萨西在 1793 年阅读并理解了尼布尔临摹的萨珊国王的铭文，特别是那些诏令——"我是某某国王，某某国王的儿子……"幸运的是，格罗特芬已经从波斯波利斯铭文中发现了这种句式，使得萨西找到了研究入口，并开启了漫长而稳步推进的破译工作。

ZEND-AVESTA,
OUVRAGE
DE ZOROASTRE,

Contenant les Idées Théologiques, Physiques & Morales de ce
Législateur, les Cérémonies du Culte Religieux qu'il a établi, &
plusieurs traits importans relatifs à l'ancienne Histoire des Perses :

Traduit en François sur l'Original Zend, avec des Remarques ;
& accompagné de plusieurs Traités propres à éclaircir les Matières
qui en font l'objet.

Par M. ANQUETIL DU PERRON, de l'Académie Royale des Inscriptions
& Belles-Lettres, & Interprète du Roi pour les Langues Orientales.

TOME PREMIER.

PREMIÈRE PARTIE.

Qui comprend l'INTRODUCTION au ZEND-AVESTA, savoir principalement de
la RELATION du VOYAGE en INDE, & TRADUCTION d'un ZEND ORIENTAL, suivi
du PLAN de l'OUVRAGE ; & un APPENDIX de ce MÉMOIRE, & le Précis
de l'Inde ; & plusieurs objets d'Histoire Naturelle & de Commerce, & fait aux
Manufactures Orientales & Traduction ; &c.

A PARIS,

Chez N. M. TILLIARD, Libraire, Quai des Augustins, à S. Benoît.

M. DCC. LXXI.
Avec Approbation & Privilège du Roi.

FIG. 7. ANQUETIL DUPERRON's own copy of his Zend-Avesta
(Paris 1771). See Appendix B.
Courtesy of Cama Institute, Bombay.

还执着地相信十分反常的解释。仿佛真理的光辉只照耀过他一次：在迷宫的入口处！

　　虽然格罗特芬只是把门打开了一半，但"千里之行，始于足下"，研究得到了推动，并走上了正确的道路。在接下来辉煌的半个世纪中，许多科学家都在努力解决余下的难题，这些科学家有拉斯克、明特尔、西尔韦斯特·德·萨西、里奇、欣克斯、诺里斯、塔尔博特、奥佩尔等。尤其是罗林生，他是印度军队的一名军官，也是最聪明、最有成果的一位，曾不知疲倦地穿越波斯和美索不达米亚。尽管他们齐心协力，但仍需这么长的时间来解开"最早文字"的奥秘，正确地解读它的 42 个字符，理解它的全部内容，并恢复它的语言。

下图这篇短短的波斯波利斯铭文同样是由德·布伦带回来的，并被送给著名的东方学家西尔韦斯特·德·萨西（1758—1838）。

一种简化的音节系统，一种新的语言

因为事情并不简单，也不总是像人们所期望的那样顺利，所以，过程中出现过许多犹豫和纰漏，但很快它们便得到纠正。结果证明，人们所讨论的文字并不是预期的"字母表"，而是一种简化的音节系统。对它，我们目前只知道三个元音字母："a""i"和"u"。但是，由于"a"有主导性的优势，当辅音符号没有"i"或"u"来补充的时候，所有辅音符号要么是单独读出，要么受元音音素"a"影响而拼合读出。因此，我们确实发现了两个G、两个H、三个D、三个M……这最初使破译者的工作变得混乱，因为他们习惯于我们字母表的统一性。此外，其中五个字符没有调

在从哈马丹（埃克巴塔纳）到克尔曼沙阿的公路上，距离克尔曼沙阿约3万米的地方，有一块被称为贝希斯敦（比苏敦）的岩体，那是一块大约500米高的巨石，向来为希腊作家巴吉斯塔纳和众多旅行者所注意。大流士命人在离地面100多米的地方，雕刻了一幅他所征服的人民的代表向他屈服的场景，并在上面用三种语言刻下了他的胜利、壮举和荣耀。

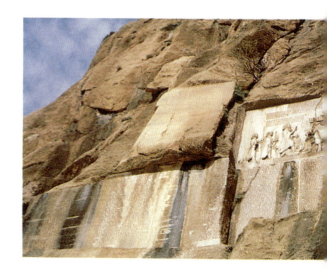

值，每一个都直接指向一个现实对象："国王""国家""土地""上帝"以及当地宗教体系中的最高神——阿胡拉·马兹达。因此，与其说它们是缩写，不如说是"表意文字"，就像我们可以用食指指明方向。而这种语言，确实不出所料地与古波斯语类似，这极大地促进了这种语言的恢复，但它毕竟比古波斯语更古老，两者之间还是有许多不同之处，就像古法语与现代法语之间的差异：尽管"上帝"在两者中都被读作"巴加"（baga），但

"我"是读作"亚当"（adam），而不是"阿兹姆"（azem），"儿子"是读作"普萨"（puça），而不是"普特拉"（puthra）……

贝希斯敦，铭文女王

新铭文的发现使破译取得了巨大进展，其中最重要的是 1835 年罗林生发现的贝希斯敦铭文，刻在哈马丹西南约 10 万米处的一块巨石上。它为"最早文字"提供了 400 多行新材料，此外还有两篇字数差不多的文章。

铭文看起来很难辨认，破译它需要最伟大的破译者——H.C.罗林生（左图）的热情和坚韧。从1835 年起，他开始一点一点地收集文本，战胜了无法想象的困难和危险。由于多次被迫中断，他花了几年时间才临摹完所有的铭文。1846 年，他出版了整本书，"连同一本关于波斯楔形文字的回忆录"。这份铭文中有无数的重复和变体，有许多人名和地名的专有名词，这些名词在很多地方都为人熟知，帮助伟大的罗林生完成对"最早文字"及其语言的破译。

罗伯特·克尔·波特（1777—1842），风景画家和肖像画家，早在 1800 年就受到英国公众的喜爱，后来受到其表弟——圣彼得堡俄罗斯美术学院院长的鼓励，他周游近东，特别是波斯，利用他的才能，尽可能真实地再现他在那里发现的一切有趣的和对研究这些国家古时候有意义的事物。1818 年6 月，他到达纳克什 - 鲁斯塔姆。在他留下的这幅画上，我们可以看到岩石墙上并不是只有大流士一世的坟墓：在右边，至少还有一个。事实上，除了阿契美尼德王朝的创始人——居鲁士大帝（前 538—前 530）在首都帕萨尔加德（距波斯波利斯东北 5 万米）中央为自己建造了一座庄严的陵墓，王朝中的其他当权者同样选择宏伟的纳克什 - 鲁斯塔姆山谷作为其陵墓选址，大流士一世（前521— 前 486）、薛西斯一世（前 485—前 465）、亚达薛西斯一世（前 464—前 424）和短暂在位的薛西斯二世（在位时为公元前 424 年）都安息于此。另外两座墓穴并没有出现在克尔·波特的画作中，右边有一个长方形的洞穴，上面有早于阿契美尼德王朝的浮雕。

经过贝希斯敦之后，克尔·波特前往巴格达。1818年底，他在那里待了一段时间，然后前往巴比伦和附近的城市希拉。在希拉以南约3万米处，有一座古城波尔西帕，今天被称为比尔斯-尼姆鲁德，它与巴比伦有着相当密切的联系。它几乎是一片荒地，只剩下一个巨大高耸的塔楼，上面有一座高大建筑的残骸，奇怪的是，建筑上的砖块似乎被琉璃化了，也许是一场非常猛烈的大火或闪电造成的。正是这片废墟，这座幽灵般的纪念碑，从它的土基上俯瞰着的广阔而沉闷的平原，令克尔·波特感到震撼，他想要再现它。他也和彼得罗·德拉瓦莱及之后的其他人一样，认为自己看到的是巴别塔的遗址……这个南部的遗址从未被认真挖掘过，到目前为止，它没有提供过任何令人震惊或平平无奇的信息，连楔形文字的材料也没有，更不用说破译这些东西了。

在破译遇到重重困难后,人们就对苏萨的废墟产生了兴趣。苏萨位于伊朗西南部以东30万米的尼普尔的高地,很久以前就被发现和参观过。它是阿契美尼德王朝的众多首都之一,但远在他们还未建立帝国时,就已成为波斯的都城。苏萨是埃兰的一个重要地区,埃兰是一个语言、文化和政治独立的国家,有时被视为美索不达米亚的敌人。经过几次一无所获的发掘,该遗址终于迎来了伟大的亚述学家、考古学家雅克·德·摩根(左图),他在1897年开展了一系列卓有成效的工作。多米尼加的一位优秀的铭文学家——文森特·沙伊尔(跨页图)是他的主要合作者。他们在苏萨地区发掘出大量埃兰语文献,而这些语言过去只在"波斯波利斯铭文第二栏"中出现过。

这些铭文的作者——大流士大帝,公元前521年至前486年在位的波斯国王,在铭文中详细介绍了他的胜利,并引用了许多地名,其中许多地名在其他地方已经为人熟知,这有助于新字符的识别和解读的推进,这不亚于语言的智慧。

因此,经过历史学家50多年的辛勤工作、共同努力,一种完全不为人所知的文字、一种已经消亡了25个世纪的语言,即我们所说的古波斯语,已经被攻克了。此外,通过翻译"第一栏"的全部内容,商博良毫不费力地战胜了"双语"。因此,研究者们可以仿效他,以更坚定的步伐踏上对另外两栏铭文的破译之旅。

第二栏的经文揭示了一个由 100 个字符组成的音节系统

然而，在这个探索的新阶段，他们并没有就此掌握古波斯语：在研究过程中，接续着格罗特芬做出的努力，他们不得不用一种乏味但颇有成效的方法，那就是对三篇文章的所有细节进行物质上的比较，然后从权衡中得出结论或假设，而这些结论或假设总是能给每一篇文章的破译带来一丝希望。

因此，人们很快就发现，"第二栏"实际上隐含了一个确实的音节系统。每一个符号都指向一个音素：音节。最常见的是简单类型（a，gu 或 ab），有时有些复杂（pan，mush），后者可以根据作者的意愿，用两个单音节互补（pa-an，mu-ush）……它们出现的次数比在古波斯文中更多。一些字符，有时除了它们本身的语音价值，还可以用作表意文字，直接指代事物。例如其中一个音节发音为"kur"，在别的地方又可以直截了当地指代"山"；另一个音节在这里读作"an"，在那里指代"上帝"；还有一个，时而读作"min"，时而指代"女人"；同样，"国王"的称谓，有时拼写为"su-un-ku-uk"，在另一

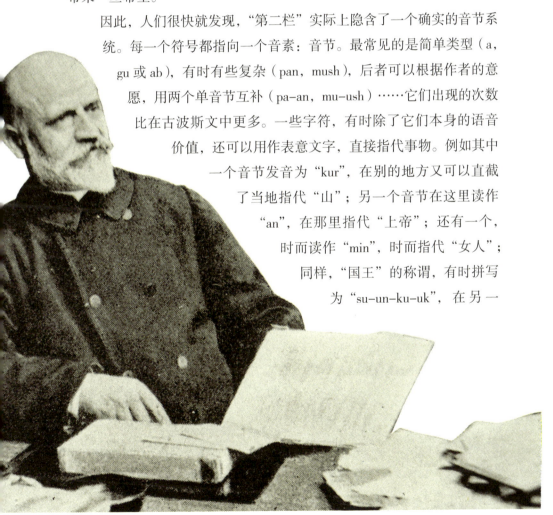

些地方又以一个独特的符号标记，因此其发音为"sunkuk"，在这种语言中指的是统治者。

最后，出乎意料的是，其中似乎有半打字符的存在，不是为了以这样或那样的方式发音，而是为了在语句间添加一些指示性的成分，来提醒读者注意其名称后面对象的性质或类别，比如将"垂直钉子"置于一个男人的专有名称前来强调他的"男性性别"；一个字符强调后面的对象是一位"女子"；另一个字符则强调后面的对象是一位"神"；等等。因此，这个系统比"第一栏"中的系统更为复杂，但后者可以通过对照专有名词来解读，使破译进程向前跃进了一大步。

埃兰语，一种孤立的语言

与在"第一栏"中的语言不同，"第二栏"中语言的词汇和语法系统都无法与任何已知的语言产生直接或间接的联系。顺便说一句，这种孤立性会导致我们永远无法推动对这种复兴的新语言的研究。它的孤立性如此之强：材料的数量不足，而且缺少文本多样性。我们不知道如

在苏萨的财富中，有许多从美索不达米亚劫掠来的战利品。除了有伟大的纳拉姆辛石碑和《汉谟拉比法典》，还有一些埃什努纳国统治者的雕像。埃什努纳国，位于巴格达东北约 3 万米的迪亚拉河河谷。在图片所描绘的雕像上，被掠夺者用埃兰语刻上了一篇铭文，以纪念自己的胜利。

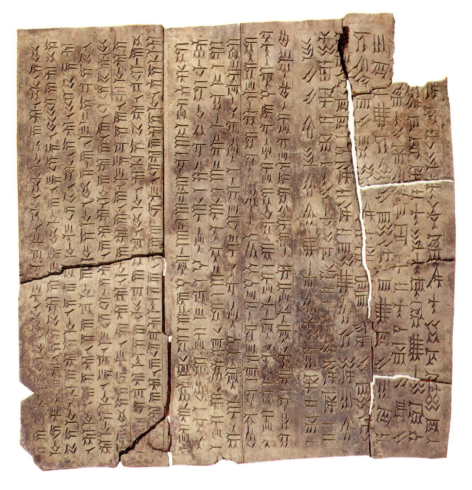

何为它命名，有些人认为它是"米底人"的语言，有些人认为它是"西徐亚人"的语言，有些人模糊又好奇地认为它是"非雅利安人"的语言。我们现在称这种语言为埃兰语，是因为这种语言和文字在伊朗西南部使用了很长一段时间，而这个地区以前被称为埃兰。如果阿契美尼德统治者在其官方铭文中使用了这种语言，那显然是因为被他们征服的古埃兰王国在文化和物质上都是他们庞大帝国的重要组成部分。

这块金石碑于1926年在哈马丹被发现，是为数不多的没有被破译的三语文献之一：它们的重要性与其说是文献学上的，不如说是历史学上的。铭文由大流士一世所写，他自豪地用三种常用语言强调了他的帝国在世界范围内的重要性。

第二章
解密者

"我谦卑地承认，无论是直接地还是在他人帮助下间接地实现，我在三种语言的铭文中找到了每一个巴比伦符号和单词的线索，而在确定了它们之后，我一次又一次地试图放弃进一步的研究。因为我得不到一个令人满意的结论，这使我感到绝望。"

——罗林生

———

皇室的铭文被刻在石头上，甚至被刻在金属上，以证明国王的荣耀。这些珍贵的历史文献再现了统治者的征服和建设计划。

亚述国王沙尔马那塞尔三世（前858—前824），他的宫殿位于首都迦拉（现在的尼姆鲁德），为了记录自己的勋绩，他令人建造了一座黑色雪花石膏的方尖碑，高2米，底部宽0.6米，顶部宽0.4米，被塑造成楼梯形，像一个塔庙。

剩下的是"第三栏"，上面有500多个字符。人们更加渴望克服它，因为他们很快便察觉到，这些字符与在美索不达米亚的砖块、黏土板、墙壁和雕像等各个地方都可以发现的铭文完全一致。因此，要破译它的文字和语言，就必须回到巴比伦尼亚，这个古国在公元前 538 年为居鲁士大帝所征服，也正因为如此，其语言才在庞大的帝国和庄严的铭文中占有一席之地。

此外，我们知道，另一个令人对这些字符感兴趣的主要原因是这个国家的历史可以追溯到比阿契美尼德王朝更久远的时期：久远到被统治了一个世纪后才征服的古巴比伦人，那时他们的疆域延伸至耶路撒冷和以色列南部王国，甚至可以追溯到更早的那些可怕的亚述人，他们在《圣经》中的形象如此糟糕，这是有原因的……

表音和表意字符的混合体

人们通过对"波斯波利斯铭文第三栏"和另外两栏进行许多富有启发性的并列和比较，发现了后两栏铭文有些字符在形式上具有相似之处。但是，"波斯波利斯铭文第三栏"的字符数量异常丰富：对一个简单的音节系统来说

在这座方尖碑上近 200 行的文字中，人们可以简短地回顾关于国王的功绩，其中一些文字还配有 20 块浅浮雕面板插图，分布在纪念碑的四面，重现不同的战败方向胜利者投降和致敬——其中包括以色列。这件作品几乎完好无损，有着冷感的几何美，现收藏于伦敦大英博物馆。1846 年，莱亚德在探索尼姆鲁德时将它发掘，并于 1851 年在《亚述纪念碑楔形文字》的最后一个版面上出版了它的文本。由于破译工作仍未完成，因此无法提供完整和准确的译文。但无论是从文字上来看，还是从图像的风格上来看，这座纪念碑都没有超出第一个千年上半叶的亚述历史时间范围，因为它的文字很容易被辨认出属于"波斯波利斯铭文第三栏"。

太多了，对一个严格意义上的表意文字系统来说又显得不够。

借助这两个平行版本形成的对应，我们定位出了专有名词，而考虑到专有名词的呈现方式，我们首先发现，在这混乱的铭文中存在表音字符和表意字符的混合，人们对埃兰文字中的这种情况已经很熟悉了。因此，字符不仅可以读作许多简单的音节（a、ba、ak）或复杂的音节（tuk、mush，也写成tu-uk、mu-ush），其中有很多还可以表意，用来指代事物。

在用古波斯语表述的铭文中，"强大的国王"用两个词表达，共有十几个字符，而在"波斯波利斯铭文第三栏"的相应段落中，我们碰巧发现总共只有

各种尺寸的黏土制泥版都是最常见的文字媒介，但人们也会将黏土塑造成不同形状——比如在豪尔萨巴德发现的，署名为亚述萨尔贡二世（前722—前705）的柱体（上页图）。还有的用珍贵的金属打造，例如上图这块金板，同样属于萨尔贡二世。另外还可以利用建筑的墙壁与其装饰性石雕，比如右图这座附长篇赞词的巨大人首翼兽像，正在向亚述国王阿淑尔那西尔帕二世（前883—前859）致敬。

两个字符，其中一个显然意指"国王"，另一个则用来表示"强大的"或"伟大的"，而这个术语在其他地方出现时，有写成"shar-ru"，也有写成"ra-bu"。因此，这两个字符是表意文字，发音分别是"sharru"和"rabu"。它们出现的次数相当可观，比在埃兰语的铭文中要多得多。

此外，埃兰语所揭示的纯粹"指示性"字符在这里似乎也更为普遍，例如所有神的名字都经常用同一个字符来指代，其音节读法为"an"；而另一个字符则读作"Ki"，在表意上等同于"土地""地方"或"方位"，常被添加到国家或地区的名称中。于是我们也注意到其他一些"指示性"字符，它们指代"男人""女人""溪流""山""芦苇""木头""青铜""黏土""鸟""鱼"……

非常复杂的写作

正如我们刚才所看到的，为了使这样一个语言系统更加复杂，同样一个字符根据上下文可以被解读

下图是"贝利诺圆柱体"，它上面的文字被递送给了格罗特芬。

出三个层面上的多种含义，这三个层面分别是语音（例如"kur"音节）、表意文字（"山峦"或"国家"）和指示语（高地名称之前相同的字符）。以音节系统中的"shu"为例，它在不同的语境中

有不同读法，或读作"shu"，或读作"kat"。换一种说法，这种语言中的字符往往"一词多义"，要根据它们所处的语境来解读。

这个新的奇怪现象的发现，使事情变得更清楚、更容易理解。在"波斯波利斯铭文第三栏"的同一文本中，平行或重复段落的比较，能非常清楚地呈现出用不同字符表达相同音节的现象：有两个表达"ash"，两个表达"kat"，两个表达"dam"，甚至还有三个表达"u"。因此，这些字符可能是同音异义的！

所有这些现象，逐渐被勤奋的破译者们发现并一个接一个地验证，足以说明这本非凡著作中的字符数量是如此之多。

闪米特语族中的"亚述语"

你掌握得越多，越能识别它，就越能在破译和阅读方面取得进展。越来越明显的是，以如此复杂和晦涩的符号系统记录的语言——很明显是古代美索不达米亚特有的语言——与其他古代和现代的近东语言（希伯来语、阿拉米语、阿拉伯语）非常接近，我们将这些语言统称为"闪米特语族"。这些语言之间的联系，就像古波斯与阿维斯塔的联系一样，一旦被确定，事情的加速发展就有了两个主要方向。

首先，尽管语词以不同形式出现，但只要是在同一语族的语言中，它的识别就会变得更容易也更可靠，它们的真实含义也就被理解了。例如"abu"和"ummu"在阿拉伯语中分别是"父亲"和"母亲"的意思（分别对应希伯来语中的"ab"和"em"），而"banû"在希伯来语中作"bana"，意思是"建造"。如果一个字符在所有通晓的闪米特语言中都找不到对应词，那就可以通过对照另外两栏以古波斯语记叙的铭文来推测此字符的含义（例如"sharru"和"mâru"分别表示"国王"和"儿子"，就是在对照中得到确认的）。另一方面，邻近习语间的互鉴促进和巩固了新闪米特语语法系统的更新：毫无疑问，波斯波利斯铭文第三栏

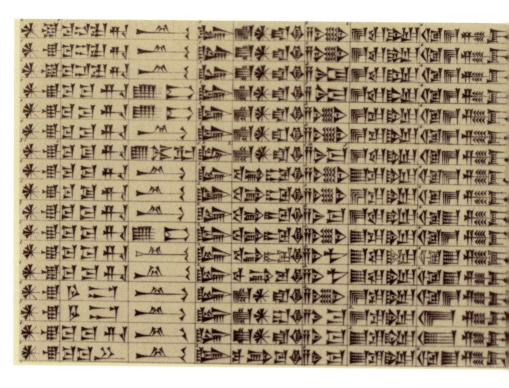

格罗特芬的《巴比伦楔形文字破译的新贡献》（1840）中有一个列表（如上图所示），表上每一行（17 行）都抄录了国王尼布甲尼撒二世（前 604—前 562）的铭文。按照该国虔诚的习俗，铭文要被刻于国王建造的神庙墙中的一块砖上。这 17 栏详细说明了铭文文本的各种细节……

中的语言与同类语言相当接近，但仍有许多特征，这也使它真正成为一门独立的语言。

它最初被称为"亚述语"，因为从《圣经》中可以看出，美索不达米亚已知的最早居民是好战的亚述人，他们在公元前 722 年征服了以色列国。后来人们发现，这片土地的历史可以追溯到更久远的时期，那时亚述语仅仅是在这片土地的北面使用，而这片土地的南面使用的是巴比

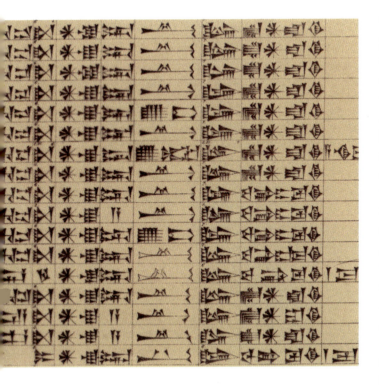

"尼布 / 库杜里 / 乌苏尔（即'尼布甲尼撒'）/ 巴比伦国王 / 埃萨吉尔 / 和埃兹达（神庙）的 / 管理者 / 巴比伦国王 / 尼布 / 阿帕尔 / 乌苏尔（即'那波帕拉萨尔'）的 / 长子 / 就是我！"从一行到另一行，相同语词的拼写方式并不相同。例如在第二栏中，"kudurri"被写成"ku-du-ur-ri"（第1～3行）和"ku-dur-ri"（第4～13行），以及其"表意文字"形式的"nig.du"（第14、15行）。这是一个极好的例子，说明这种文字所允许的形式自由，包括表意文字、语音文字以及同音符号。

伦语，它们是闪米特语的两种主要方言，我们今天称之为"阿卡德语"。然而，研究亚述语言和亚述历史的专家，从破译进程一开始，就一直提及亚述语，他们还自称"亚述学家"。

这些委托给罗林生、欣克斯、塔尔博特和奥佩尔的长形楔形文字被刻在一个八角棱柱上，这个棱柱最近在舍尔加特堡（又名阿苏尔）被发现。在这个棱柱上，亚述国王提格拉－帕拉萨一世记录了他的赫赫战功。

1857 年：亚述学的诞生证明

终于，在 1850 年后不久，一些科学家声称他们能够破译、解读这种亚述语，而对象不局限于波斯波利斯铭文，而且还包括美索不达米亚的文献，尤其是在过去的 20 年里发掘到的越来越多的美索不达米亚文献。于是英国皇家亚洲学会在 1857 年委托他们中的四人（罗林生、欣克斯、塔尔博特和奥佩尔）临摹并研究亚述国王提格拉－帕拉萨一世（前 1114—前 1076）的 809 行铭文，当时这篇铭文刚刚在尼尼微以南 10 万米的阿苏尔古城被发掘。四人被学会要求独自工作，不与任何人交流。

楔形文字的立体性会使摄制变得困难，所以为
了将楔形文字从立体文本转换为平面文本，亚
述学家需要忠实地临摹那些符号。第一项工
作就相当困难，因为临摹下来的文本经
常会有缺漏。但对破译者来说，
这项工作的好处在于，自
己已经"进入"文本，
实现了对文本的初
步理解和"消化"。

几个月后，他们各自发送了自己的译文，审查员发现这些译文不仅在大体意思上是一致的，而且在阅读、单词和句子的细节上也是一致的。这就说明，继格罗特芬奇迹般地破解了波斯波利斯铭文的秘密之后，经过半个世纪的执着与坚持不懈，在谬误、犹豫、重复中进行细致的比较与无限的批判性反思，人们终于发现了这种楔形文字的秘密。这是古美索不达米亚特有的楔形文字，而其他两种文字——埃兰语和古波斯语——与之

亚述巴尼拔图书馆的两块泥版上记录着洪水的故事。它们的发现彻底改变了人们对《圣经》的看法，并揭示了亚述学对正确理解这个故事的贡献。

相比只能算是次要的附属物。现在，我们可以处理所有美索不达米亚的文献了，这些材料在研究者们对美索不达米亚的土壤的发掘中重见天日，并即将在阳光下得到批量性的恢复。亚述学的时代开始了。

记录洪水的泥版

这很快就引起了专业人士的注意。对提格拉－帕拉萨一世铭文的破译开启了一系列无休止的类似工作，在这个过程中不时有非凡的发现。早在 1861 年，就有人大量出版了令人印象深刻的《西亚楔形文字铭文》，于是人们开始对其进行解读、翻译、讨论、利用，并几乎立刻就得到了出人意表的革命性启示。例如 1872 年 12 月，作为首批亚述学家之一的乔治·史密斯突然宣布，他在泥版上读到一个关于洪水的故事，这个故事与《圣经》中的记录一致，这也使人们对《圣经》是"世界上最古老的书"这一定位产生了怀疑，转而将它重新纳入历史和未来的文学、"精神"的传统中：《圣经》只是思想长河中的一个环节，对它的研究，就像对所有其他书面作品的研究一样，要取决于历史和它的方法。

乔治·史密斯，这个平时如此矜持的人，在发现"洪水"泥版时也不禁喊道："我是在这篇文章被遗忘了两千年后第一个读到它的人！"

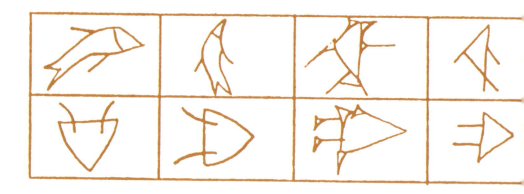

楔形文字的演变

　　然而，亚述语仍然存在一些问题，如能解决这些问题将会为整体研究进程带来重大进展。从意识到亚述语独特构成的那一刻起，破译工作者们就一直在解决一个关键问题：这种文字系统的起源是什么？它是怎么发展的？

　　人们清楚地感觉到，"第三栏文字"是最复杂的文字，而这也表明了它是最古老的文字。这种复杂性后来在埃兰语系统中被减弱了，再后来在古波斯语中则进一步得到缓和。人们可能会很严肃地问，它是否就像埃及象形文字一样，用图形来指代人们想要表达的东西——即使它们的轮廓被印在黏土上后便完全扭曲了。因此，它最初的状态应该是表意文字，每一幅草图和每一个字符都指向它所代表的现实对象，或者所有在自然中与它密切相关的事物，无论是想象的还是传统的。

　　由此，符号的表意作用及其在这一层面上的多功能性便产生了，例如根据具体情况，一个

这块长 17 厘米、形状奇特、来历不明的页岩板的第一任主人是布劳博士，他于 19 世纪末居住在近东。今天，人们认可了这块页岩板的真实性。其尖端雕刻了许多象形标志，其中有几个标志非常"有说服力"：中央位置的鱼和牛腿，旁边是种植在溪流上的芦苇，再右边有一些数字（五个或者数十个），最下面有一个耻骨三角形。

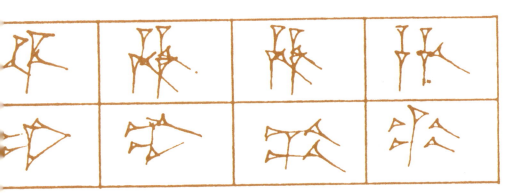

我们可以从这两张表中追溯原始符号的变化过程，它们最初比较"直观"，然后经过斜面的使用变得程式化和抽象化，最后出现"楔形"符号本身，这些符号从一个时代到另一个时代的演变都趋向于简化。

ka+a= 喝
du= 行走
gub= 站立
mushen= 鸟
ku= 鱼
gud= 牛

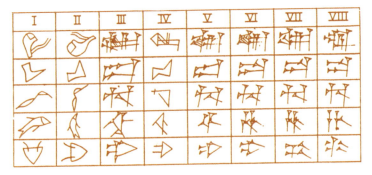

这块古代泥版来自乌鲁克，它上面的细节显示了一些其他象形符号：首先是数字——圆圈，纯粹的圆圈或带有某种尾巴延伸的圆圈，其值很容易确定，因为泥版的背面通常有正面的细节汇总：谷物穗，表示谷物；耻骨三角形，表示"女人"；还有一个带角动物的头，其含义尚不清楚。

符号可以表示"上帝"或"神"，也可以表示"天堂""上面"或"更高"的一切……与此同时，和埃及文字一样，这种符号的语音价值是第二位的，它源自表意功能，并且同样是多功能的。如果我画了一只"猫"，我可能只想表达这只特定的猫，但我也可以把它抽象化，只想到它的物种名称——在法语中发音为"cha"。因此，我们必须从事物书写转向文字书写：有语音的、简单的或多功能的文字。"脚"的符号在表意上用于表示脚部起作用的所有相关活动或状态："站立""行走""携带""运送"。由此产生了许多音节，每个音节都必须对应所述活动或状态的名称："gub"表示"站立"，"du"表示"行走"，"tum"表示"携带"……楔形文字合乎逻辑的演变过程大体如此，它解释了这种令人难以置信的字符数量，以及在使用中的许多奇怪之处和复杂性。

文字的发明者：闪米特人还是非闪米特人

在这种情况下，亚述学家认为，这种文字不可能由闪米特人发明，即那些说当地闪米特语、阿卡德语或其他什么语言的人。因为在"亚述人"中，就像在他们的同类中一样，"头"被称为"resh"，"山"被称为

"shadû","站起来"叫"izuzzu","行走"叫"alâku","携带"和"运输"是"abâlu"……他们怎么会给表示"头部"的图形设定一个"sag"的发音,用"kur"代表山,并用"gub""du"和"tum"分别表示"站立""行

sag= 头部								
ka= 嘴 dug= 说话								
ninda= 碗 食物								
ka+ninda+ku= 吃								
a= 水								

在描绘楔形文字演变的另一幅图中,我们注意到文字发明者扩展字符含义的"技巧":通过强调头的底部特征,把注意力吸引到"嘴"上,然后在嘴巴前面放一个"面包"的标志,表示"食物"……

走"和"搬运"呢？难道我们不应该假设楔形文字的"发明者"是另一个民族、另一个文化群体（显然不是闪米特人——在这个民族的语言中，"gub"代表"站立"，"gin"代表"行走"，"tum"代表"搬运"，"kur"代表"山"，"sag"代表"头"）吗？

NOUVELLE EVOLUTION

DE

《学院主义的新演变》

L'ACCADISME

语言上的争议

人们想知道，这些美索不达米亚的闪米特人前辈或对手所用的语言究竟应该归属于哪个语言的分支，而且，就像人们对埃兰语进行的大胆归类一样，所有这些结论最终都被证实是脆弱而经不起考验的：是斯基泰人的？或者是图兰人（即今天的突厥蒙古人）的？还能是什么人的呢？这引起了一场如此激烈而可怕的争论，以至于两位德高望重的法国学者，经过针锋相对的纸上论战之后，在法兰西铭文与美文学术院的走廊里相遇时竟然挥舞着雨伞打架，

在法国，亚述学家在楔形文字是否起源于闪米特人方面的争论主要由朱尔·奥佩尔（1825—1905，下页图半身塑像）和约瑟夫·阿莱维（1827—1917）领导，前者出生于汉堡，但定居在巴黎，是亚述语的四位破译者之一，并为亚述语写了第一本语法书；后者是著名的闪米特学家，他拒绝承认楔形文字的非闪米特起源。

LE SUMÉRISME
《苏美尔主义与巴比伦历史》
ET
L'HISTOIRE BABYLONIENNE

造就了这个时代的传说!

其中的一些人——尤其是约瑟夫·阿莱维——不想听到这些关于非闪米特人的结论,因为他认为那些人不会发明出如此伟大的语言。

另一些人则极力主张,在闪米特人、巴比伦人和亚述人出现之前,美索不达米亚大地上就已经存在一个非闪米特人的民族,他们所说的语言建立在良好的逻辑基础之上,有其表意文字和语音应用。

考古学证实的新语言假说

通过查阅从美索不达米亚土壤中挖掘出来的最新文献,人们发现当中提到了该国较古老的人种,其中一部分被称为"苏美尔人",另一部分被称为"阿卡德人"。认为曾存在前闪米特族裔的人认为,前面讨论的楔形文字不是苏美尔人就是阿卡德人的

约瑟夫·阿莱维(上页与本页图中所示的是他三本著作的名字)也写了一本《亚述巴比伦同种异形学》(1912),在书中他谈到了一种"同种异形学",即根据一个强调了这种文字"神圣性"的"公式",以不同的写作方式去书写相同的文本……

ÉLÉMENTS
DE LA
GRAMMAIRE ASSYRIENNE,
《亚述语法元素》
PAR M. JULES OPPERT.

PARIS
IMPRIMERI

M D

语言，于是有的人就称这种语言为"阿卡德语"，有的人则称其为"苏美尔语"。不管这个名字是什么，我们还没有办法通过合理的标准来确定命名，但这些亚述学家的观点在当时得到了两方面的支持。

一方面，在最新发掘、正在破译和已出版的泥版之间，开始出现了相当多的"清单"，分三栏：中间有楔形符号，左边有清晰的语音符号，右边是亚述语中的语音表意文字。例如，"ku-ur"和"sha-du-u"放在左右两边，表示"山"；同理，"sa-ag"和"re-e-shu"代表"头"；"du"和"a-laku"，意思是"行走"；"gu-ub"和"i-zu-uz-zu"，表示"站着"；"tu-um"和"a-balu"代表"携带或运送"；等等。

当然，阿莱维可以呼吁另外一种"同种异形"：一种由研究者自己从文献中设计的公式。但在那里找到某种双语字典不是更简单、更合理、更有可能吗？在这本双语字典中，为了解释中间一栏的楔形符号，可以对照右栏的闪米特语——亚述语文字在表意上与它相对应，同时也可以在左边那栏发明者的语言中查找这个符号的读音。

另一方面，随着在美索不达米亚南部地区展开的深入挖掘（之前只在北部地区进行过挖掘），大量的遗迹和文献被发现。这些遗迹和文献显然比以前发现的要古老，而且风格完全不同：它们的文本书写方式更复杂、更陈旧。亚述语字符图

美索不达米亚的学者们给我们留下了无数的辞典著作，这些著作以列清单的形式，排成简单的一列或多个平行列，用来记录和分类各种术语。有时只用阿卡德语，有时用苏美尔语，有时则用两种语言对照。这些术语反映了各种思想秩序的现实：自然、文化、社会和语言。这些文献很早就被早期亚述学家发现和研究，不仅在正确破译和解读楔形文字方面，而且在解答这个国家的运转情况和文字起源方面，都做出了很大的贡献。上页图中所示泥版上呈现的是一种词汇表，记录在三栏中间的是楔形文字，左边的是读音，右边的表意文字记录了其意义。

在泰罗发现的一块记账泥版和两个著名的"圆柱体"之一，后者上面有古地亚王子
（约公元前 2100 年）用苏美尔语写的一首长诗。

形在以前的文献中比比皆是，但这些文献里不仅没有它们的任何痕迹，而且似乎都是用表意文字所写，因此无法解读。这种文字在字符形式上的陈旧性，以及它们的文本呈现方式，证实了阿莱维的论敌们的观点：他们认为这种语言产生于闪米特语之前，是楔形文字创造者的遗迹。通过仔细剥离，人们发现有许多元素反复出现，其中有单音节也有多音节，似乎很好地发挥了所有语言中都有的"虚词"的作用——并非指向现实事物，而是标示事物之间的关系。换句话说，是它们在控制着"语法"。

理解、翻译苏美尔语

1905 年，这时距格罗特芬的首次伟大直觉和推论已经过去了 102 年。伟大的亚述学家弗朗索瓦·蒂罗–丹然对这些表意文字以及在新挖掘中发现的其他类似文献进行了更深入的研究后，在他著名的著作《苏美尔和阿卡德的铭文》中，对铭文进行了连贯的翻译，并认为该铭文来自该国第三个千年中期以来已知最古老的统治者。同时，他确立了这种先于闪米特人而在其之外的语言（究竟是美索不达米亚人还是其他什么人种的语言尚不确定）的连贯性、

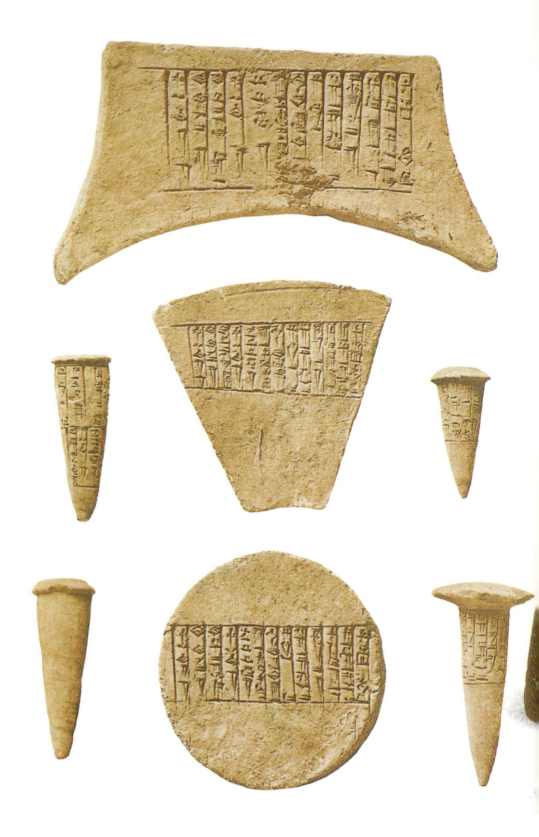

功能性，从而确立了该国特定的写作基础。苏美尔语的名称就是源于这些铭文，从这些铭文上可以看出，当时从巴格达周围延伸到波斯湾的领土分为两部分，其中北半部属于阿卡德，居住着该地区最古老的闪米特人，被称为阿卡德人；南半部被称为苏美尔，最初被异族人占领，我们今天仍然称之为苏美尔人。

于是，在经历了一个世纪的坚持探索和天才式发现后，"波斯波利斯铭文第三栏"中最后一个令人费解的谜团终于被解开。人们发现了一种古老且完全陌生的语言，也许这一开始是出乎意料的，但它为探索这个伟大而可敬的国家最古老的历史开辟了广阔的前景，这个国家甚至远远早于公元前 1000 年的阿契美尼德王朝、巴比伦和亚述帝国。事实上，正是这些国家阻挡了首批破译人员和历史学家的视野。

弗朗索瓦·蒂罗－丹然（1872—1944）收集了当时已经发现的关于该国前统治者的所有历史文献，这些文献的保存形式非常多样，比如那些钉入宫殿和神庙建筑黏土中的圆锥体，以永远保存其创始人的名字和生平。通过连贯地翻译这些文献，他最终证明了在古代的美索不达米亚，除了闪米特族的阿卡德语，还存在一种完全意义上的异族语言。从那时起，这种语言就被称为苏美尔语。

语法助益了
破译者的工作

最后，通过唯一的智慧、反思和技巧，我们重新发现了这三种最初完全不为人

通常，楔形文字泥版（左图）在被发掘时就是这种状态。之后它们会被保存在档案馆或图书馆，放在箱子或篮子里，定期贴上标签。但泥版经过时间的推移还是会产生磨蚀。

GRUNDZÜGE

DER

《苏美尔语语法的基本特征》

SUMERISCHEN GRAMMATIK

VON

ARNO POEBEL

所知的文字，以及四种已经销声匿迹了三四千年的语言，真正引领这场探索之旅走向最终阶段。

　　蒂罗－丹然已经证明了苏美尔语的存在和功能，但他拒绝系统性地恢复这种语言的语法，因为这非常棘手。一方面，苏美尔语与埃兰语一样，与其他所有已知的语言完全隔离，因此，在面对其独特性所带来的问题时，没有其他语言可以参照解释；另一方面，它语法上的细微差

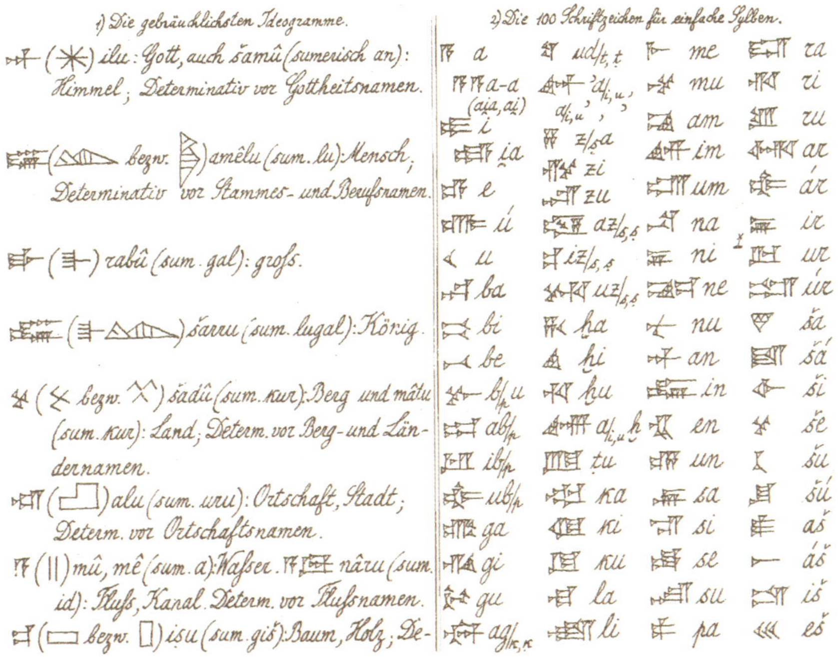

铭文学家阿尔诺·珀贝尔于1923年出版的《苏美尔语语法的基本特征》(上页中部图)是对苏美尔语的第一次系统描述，至今仍是苏美尔学者的参考书目。相较之下，阿卡德语更容易理解，可以在教科书中教授。如1900年，弗里德里希·德利奇所著的《读音节录》(上图是一页音节表的细节，用来记住符号)。

别与楔形文字的语音不准确性相冲突，楔形文字无法突破音节带来的局限性，因此始终无法清晰地区分不同形态的语词，特别当对象不是重复、简化到极致的"经济"文本，而是精致、丰富而微妙的文学表达时。1923年，亚述学家阿尔诺·珀贝尔在其著作《苏美尔语语法的基本特征》中全面介绍了苏美尔语言的复杂性，这相当于迈出了最后一步。从那时起，再没有什么能阻止人们对美索不达米亚楔形文字的研究和利用。

第三章
亚述宫殿

"博塔在寻找库云吉克的坟墓，但没有找到；豪尔萨巴德的一个染色工看到他们在工作，就问他们要找什么，他们回答：'找古董和雕像。'那人听了便说：'跟我来，我家里和我邻居家里就有。'豪尔萨巴德村就建在古老的宫殿上，在那里，人首翼兽像被发掘了，并用来充当陈设。"

——费利克斯·托马

————

在豪尔萨巴德发现的这幅浅浮雕（上页图）展示了亚述艺术的独创性。上图是在英国人莱亚德带领下发掘的尼姆鲁德宫遗址的复原图。

朱尔·奥佩尔和费利克斯·托马在《美索不达米亚和米底的科学与艺术考察》（1851—1853）中公开了他们的发现：沙山和碎石之间的废墟——巴格达东部的迪亚拉地区。20 世纪 30 年代，美国人对这一地区进行了更深入的探索。

　　在得出最终结论之前，楔形文字破译者广泛而漫长的研究进程就已经激发了人们的好奇心，并使人们将注意力转向了楔形文字的诞生背景，他们开始怀疑美索不达米亚大地深处埋藏着许多能重现过去的遗迹和纪

下图中尼普尔废墟的
照片，让我们对伊拉
克的考古遗址有了一
个很好的了解，它的
景象还像一个多世纪
前那样：沙子覆盖了
一切，只有一些残破
的生砖露出表面，这
些都是旧建筑的遗迹。
中间是恩利尔神庙的
位置，这座建于公元
前 2000 年中期的埃
库尔塔庙现在只剩下
一个残缺的主体部分。
上面的帕提亚式建筑
是我们这个时代添加
上去的。

念碑，于是挖掘者的时代就应运而生了。感谢上
帝，在 150 年后，这个时代还没有结束。但是自
第一次发掘以来，工作目标和方法已经发生了巨
大变化，人们仿效首批探索者发掘罗马和希腊遗
址的模式，在美索不达米亚长期以来一直满足于
寻找物品。这些物品的古代起源、诱人或普通的
外观、异国情调或平庸琐碎，都具有某种魅力，
令人追忆其制作者和使用者那久被遗忘的遥远存

在及世事变幻。

然而，渐渐地，这个国家和其他地方的命运一样，人们对博物馆收藏品的天真兴趣为严肃的学科意识所取代，而这种意识首先关注的是历史。从最简陋的花瓶到最迷人的雕像，从剑的碎片到最强大的城墙，每一件被挖掘出来的物品都成为历史的见证。它的材料、形式、结构、在地面上的位置和高度都透露着一些秘密，通过细心研究我们可以将这些秘密从中提取出来，并将它们与从其他发现中提取的秘密相联系。于是，通过其简洁、具有暗示性和模糊性，且引人注目的三维方式，它们可以提供整个历史的元素。当然，比起在著作中发现的历史元素，它们显得更具物质性，不够有说服力，没那么详细、精确，但非常适合作为补充材料，使后者更加丰富、可信。

歌德所说的"对废墟的热情"，后来变成了考古学。在一个半世纪的艰苦探索中，最初的浪漫情怀和天真志趣沉淀为严谨态度和系统研究，你可能会觉得后者太枯燥无味，但它为人们提供了数以万计的材料，令这些已经消失的古老民族的生活与环境活现于眼前，甚至可以追溯到其文字和历史之前。

亚述人的启示：萨尔贡二世的官殿

1842 年，精力充沛的皮埃蒙特人保罗－埃米尔·博塔被任命为法国驻摩苏尔的领事官员。他保罗－埃米尔·博塔（由尚马丹绘制，右图）早期在豪尔萨巴德遗址开展发掘工作时说："我一直在进行清理工作，我对此更感兴趣，因为我相信自己是第一个发现这些雕塑的人。这些雕塑从某种外观上看似乎可以追溯到尼尼微的繁荣时期。"这些巨大的人首翼兽像既是宫殿或神庙入口的支柱，又是超自然的保护者，它们令很多首批发掘者感到震惊。在宫殿的正面（跨页图显示的是挖掘状态，下页图是尝试重建该地元素的复原图），我们可以看到入口处的守卫雕像，以及墙壁上的雕刻板。

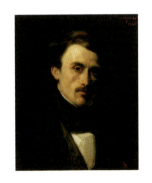

曾在近东①多地任职。来底格里斯河畔上任的博塔不是一个简单的官员，更不是一个平庸的人。除了在东方世界的丰富经历，他与著名语言学家的相熟也促使他成为美索不达米亚考古发现的先驱。他知道，在他面前，在俯瞰河流的巨大瓦砾和沙堆下，尼尼微的废墟仍然完好无损。尼尼微是古代世界极负盛名的首都之一。

他刚到任，就来到了库云吉克的土丘。在那里他挖开了几条壕沟，并从中取得了几块刻有铭文的砖块。附近村庄的一位居民告诉他，他们那里的墙壁上雕刻着人物。起初，他持怀疑态度，因为他经常在这些国家收到类似消息，但他最终还是亲自去现场验证。于是，博塔就来到了豪尔萨巴德城墙脚下的杜尔－舍鲁金古城，那是亚述国王萨尔贡二世的

---

① 由"欧洲中心论"衍生的地理概念。一般指地中海东部沿岸地区。

居所。随后美索不达米亚的首次发掘便启动了。1843 年 5 月 16 日，内政部向博塔提供了大量补贴以资考古发掘之用，而在此之前，博塔一直在用个人资产开展相关工作。政府还为他派遣了绘图师欧仁·弗朗丹，欧仁在波斯波利斯证明了自己是一位真正的艺术家。博塔热爱"挖掘"，制订计划，绘制现场雕像和浅浮雕，在沿着墙壁底部观察时，他发现了一些半凸起的石板上面刻有皇家宫廷日常生活的场景。

博塔刚刚发现的只是宫殿的西北部，他却确信那是整个建筑，所以制订的计划一完成，他就关闭了建筑工地，打包了一些最好的文物。这批珍贵的文物于 1847 年 2 月安全抵达巴黎，并于同年 5 月 1 日在卢浮宫的亚述博物馆为纪念国王路易－菲利普的盛宴上揭幕。《图解》记载了这一事件："亚述君主踏上了塞纳河岸。这座新的、更配得上他的居所——法国国王的宫殿，是特意为他设计的：卢浮宫向他敞开了大门。"

豪尔萨巴德的古名"杜尔 - 舍鲁金"的意思是"萨尔贡要塞"，亚述国王萨尔贡二世于公元前 717 年建立了这座城市，并将其作为新首都。整个建筑群（下图为复原图）位于卫城上，横跨西北城墙。

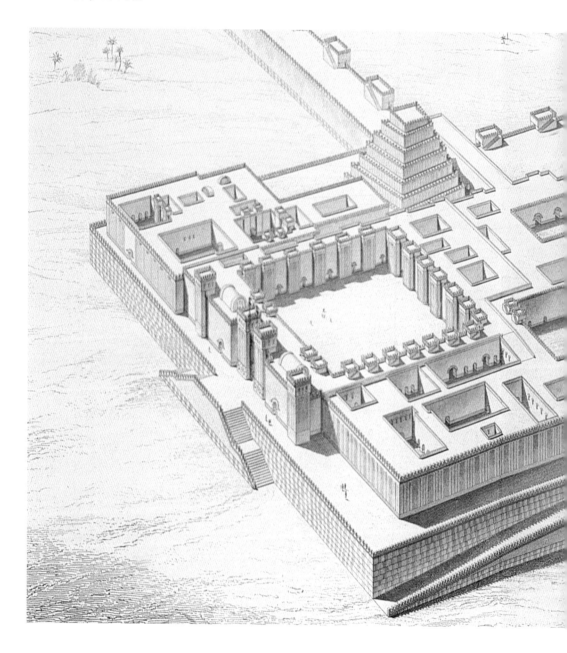

上图是从宫殿废墟中
挖掘出来的一件雕塑：
一个巨大的猎狮者，
长期以来，人们误以
为那是吉尔伽美什。

建筑师费利克斯·托
马是维克多·普拉斯
在豪尔萨巴德的助
理，他试图在图纸上
对宫殿进行全面复原：
塔楼加固、守卫着宫
殿；宫殿很高，可通
过楼梯和一条宽阔的
斜道进入，后者是专
为战车而设计，此外
有许多内部庭院，配
有巨大的二级入口；
在最深处的应该是神
圣区域，由一个七层
的塔庙所代表。

奥斯丁·亨利·莱亚德
（下页下图，穿着波斯
服装）在尼姆鲁德发现
了许多浮雕（跨页图），
这些浮雕最初被用来装
饰宫殿内壁，描绘的多
是猎杀野兽的场景，而
猎兽是该国统治者英勇
而有威严的消遣。下页
上图显示的是在阿淑尔
那西尔帕二世宫殿中发
现的雕像。

尼姆鲁德的阿淑尔那西尔帕宫

　　奥斯丁·亨利·莱亚德是一位住在莫斯科的英国人，他知道法国人
在豪尔萨巴德的考古挖掘取得了成功，便决定在其他地方尝试同样的发
掘。他把目光投向了尼姆鲁德（旧称"迦拉"）的废墟，这里比较靠近
南部，在底格里斯河和大扎卜河的交汇处。在这个过程中，莱亚德确信
他找到了尼尼微古城的遗址。守卫围墙大门的公牛头仍然露出地面，他
便像博塔那样沿着这条踪迹开始发掘，无论是在露天还是在地下。

　　不久，伟大的铭文学家罗林生加入了莱亚德的行列。罗林生破译
了墙壁、人物塑像、人首翼兽像、狮子雕塑上的楔形文字铭文。而这
些译文证明了，这里并不是尼尼微古城的遗址，而是一个巨大的
建筑群，包括了数位亚述国王的宫殿，从阿淑尔那西尔帕到最后一

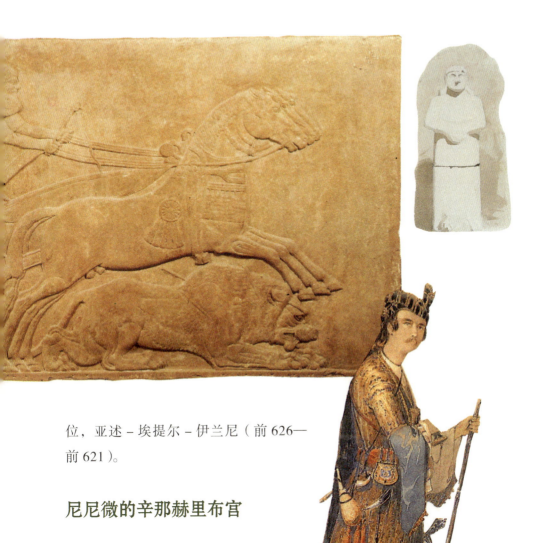

位，亚述－埃提尔－伊兰尼（前 626—
前 621）。

尼尼微的辛那赫里布宫

　　莱亚德于 1847 年离开尼姆鲁德。他
发掘到的文物丰富了大英博物馆中的收藏。
但他还并没有找到尼尼微的遗址。1849 年
至 1850 年间，他返回博塔发掘过的库云
吉克继续开展工作。陪同他的还有一位来
自摩苏尔的基督徒霍尔木兹德·拉萨姆，这
是一个麻烦的人物，更像海盗而非考古学家。

1850年，伟大的学者和旅行家所罗门·马兰牧师来到美索不达米亚，在那里，他见到了莱亚德，并于6月参观了尼尼微和尼姆鲁德的挖掘现场。后来他带回大量素描和水彩画，这些素描和水彩画是19世纪挖掘现场情况的有力证明。走廊墙壁上装饰着两块雕刻着浅浮雕的石板，其中一块石板上有两个面对面带着翅膀的人物代表超自然的存在，他们举起的手表示敬意或祝福。在稍远的地方，也许是走廊入口处，有另一块石板，画面上有一个站着的人，穿着短外衣，他低垂的左手拿着一株开花的植物，举着的右手是为了祈祷或向某位神致敬的标志。

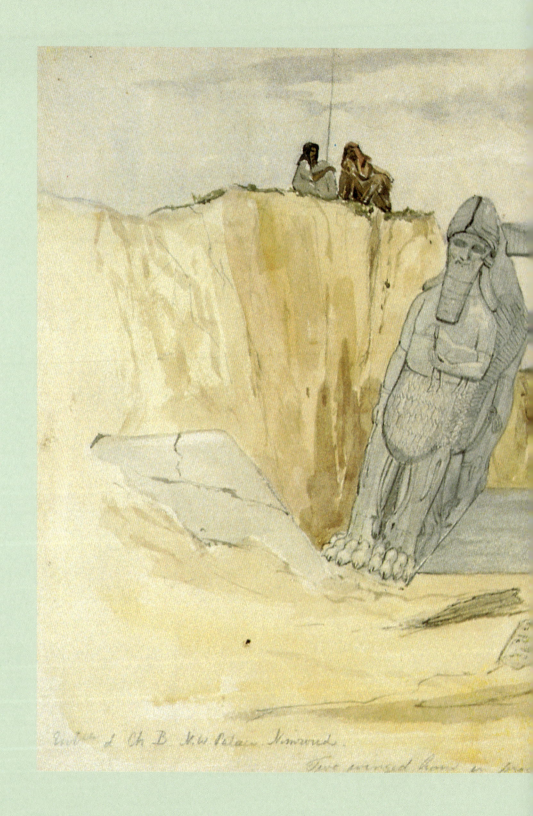

这些巨大的人首翼兽像
最初紧贴入口的墙壁放
置，但因为支撑它们的
墙已经倒塌，它们身上
的生泥砖也随之逐渐分
崩瓦解，莱亚德在尼姆
鲁德找到的一对就是如
此。上图是在宫殿里出
土的纪念性雕像的背面
绘制图。

尼姆鲁德尼努尔塔神庙大门的神
圣守护者仍然在那里，他们被称
为"善良的拉玛苏"，一种地位
低于神的超自然存在，它们在某
种程度上分享了神的本性和特权：
"善良的舍杜和拉玛苏守护着我
的皇家住所，从而使我安心地永
远住在这个宫殿里。"

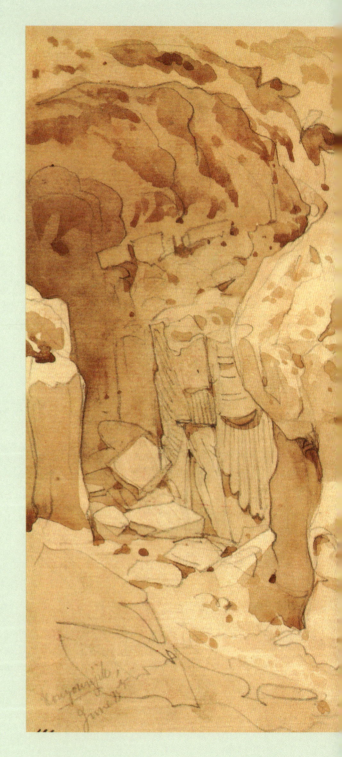

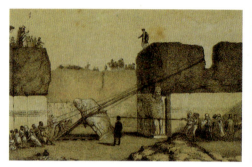

　　莱亚德和拉萨姆一起在辛那赫里布（前704—前681）的宫殿里挖开了一些沟槽。宫殿中有 71 个房间，大约 2000 幅浮雕。随后他们便有了一个令人震撼的发现，在大约 25000 块泥版与其碎片中，伟大的国王阿淑尔巴尼帕尔（前668—前627）在自己的图书馆中收集了他那个时代所有已知的文学和"科学"作品，其中还有许多手稿和不同"版本"，总共大约 1500 种标题！这一数量巨大的收藏很快被带到大英博物馆，构成了一个无价的亚述文化宝藏。这是一个奇迹般的矿井，破译者们已经开始勘探，并且乐此不疲……

1847 年，一尊巨大的人首翼兽像从尼姆鲁德的原址运来。它躺在一驾马车上，被拉到河边，由一艘大木筏带到港口，然后被船只运送到伦敦的大英博物馆。在那里，它被放置在一个木制框架中，这样才被带到展厅。

下图这张拍摄于1858年的照片，展示的是大英博物馆的亚述展厅，其用来集中展览莱亚德和其他早期考古者发掘的文物。

摄影师特朗尚是维克多·普拉斯（右图）的朋友，他在豪尔萨巴德的考古场地陪同普拉斯工作了3年。他拍摄了大量挖掘现场的照片，其中一张（下页图）显示的是宫殿的一扇大门，门前有两尊超自然守护者的雕像，顶部有一个巨大的珐琅砖拱门。

同一宫殿，两位领事

1852年，法国驻摩苏尔的新任领事维克多·普拉斯与罗林生一起开始在豪尔萨巴德进行发掘，相较之下，前任发掘者博塔所做的只算是浅层勘探而已。这个拥有210个房间和众多庭院的场地将成为极负盛名的宫殿建筑群之一。

有一段时间，普拉斯的同胞、东方学家弗雷内尔和铭文学家朱尔·奥佩尔也加入了他的行列，前者对南部地区的勘探很感兴趣，而更有助益的是，后者破译了豪尔萨巴德的部分铭文。但是，相关工作在普拉斯被召回法国后便中断了，最终在1855年被宣布彻底终止。普拉斯已成功将巨大的翼牛像运到底格里斯河码头，载上了船，但在底格里斯河和幼发拉底河汇合处附近遭到一群阿拉伯人的袭击。几乎所有的货物都沉入泥泞的河底，只有一尊近30吨重的有翼公牛塑像最终到达了卢浮宫。

1850 年，地质学家威廉·肯尼特·洛夫特斯在尼姆鲁德和尼尼微的工作仍在继续，但不可避免地为拉萨姆所困扰。当年，洛夫特斯作为先驱者前往该国南部进行勘探，在没有挖掘的情况下找到了各种有发掘前景的遗址，如瓦尔卡（古代的乌鲁克）和森凯瑞赫（从前的拉尔萨）。在这个几乎被忽视的地区，令人惊讶的发现正在酝酿之中。

费利克斯·托马，一位才华横溢的建筑师，于1853年受雇于维克多·普拉斯。他花了两个月的时间绘制萨尔贡宫及宫内雕塑的平面图和素描。他的作品为1867年出版的《尼尼微与亚述》提供了插图（这两页是宫殿大门的两幅复原图）。

第四章
故事从苏美尔开始

"对坟墓的挖掘已经推迟。事实上，我们对美索不达米亚考古学的了解实在太少了。（乌尔的）墓地的价值越高，就越令人觉得不要随便去碰它。至少在客观条件给我们提供比较可靠的历史年表之前是这样。"

——伦纳德·伍莱

德国人在伊拉克开创了科学考古学。在瓦尔卡（上页鸟瞰图）和巴比伦（上图是1900年在巴比伦发现的带有阿达德神形象的青金石圆柱体）的发掘证明了这一点。

发现苏美尔人

在初次揭示亚述人的物质文化之后，一个意想不到的考古发现打乱了所有的想法和预测。人们怀疑，这些亚述人一定依赖于某种更早期的文明，而这个文明发源于该国南部地区——巴比伦尼亚。正如我们刚刚所看到的，这已经促使一些英国旅行者和考古者在此探索。但突然间，从该地区的土壤深处出现了一种更古老的文化，完全未知，出人意料。

我们无法完全了解 1877 年时的情况，当时法国驻巴士拉的副领事埃内斯特·德·萨尔泽克来到了一个名为泰罗（又称泰洛赫）的南部遗址，也许是因为听闻那里收集了各种文物碎片，有一块刻有铭文的泥版，还有一尊雕像的头部，后来人们才知道那是公元前 30 世纪末的古地亚国王的

萨尔泽克（本页下图是他和他的团队）发掘了许多公元前 2100 年左右的闪长岩雕像，它们刻画的是当时的统治者古地亚（下页上图是一尊雕像的头部；下页下图的雕像，手持花瓶，向外涌动的水象征着繁荣）。每尊雕像上都刻有铭文，有助于我们识别和恢复苏美尔语。苏美尔语以其古典主义和纯洁性著称，这使其成为语法理论的典范。

古地亚被称为恩西,即拉格什在"苏美尔文艺复兴"期间的"君主"。在经历短暂的阿卡德语盛行之后,苏美尔语再次成为行政语言。古地亚"圆柱体"上的铭文讲述了在君主的主持下人们建造宁吉尔苏神庙的故事,见证了一种注定消失的文化。古地亚的大部分雕像现在都被斩首。苏美尔文明以其对宗教事务的极度重视而著称。

雕像。萨尔泽克决定在那里进行挖掘,这项工程持续了 14 年,直到 1900 年才停止,然后在 1903 年至 1904 年间以较小的规模重启。

　　与人们长期以来所认为的不同,这里并不是古代拉格什的遗址,而是同一王国的另一个重要城市吉尔苏的遗址。在挖掘工作开始后,很快,这个地区就展示了自己的财富。拉萨姆趁萨尔泽克不在时常在周围徘徊,希望私藏一些文物,而周围的阿拉伯人也被这里的宝藏吸引,进行了一些富有成效的秘密挖掘。

人们将各种各样的文物中最令人赞叹的那些，作为卢浮宫博物馆的收藏，因为当时挖掘者拥有出土文物的所有权。我们在这里只提及最辉煌的几种：古地亚雕像；拉格什国王恩铁美纳的银花瓶，我们今天知道他生活在公元前 2400 年左右；无与伦比的秃鹫石碑（约公元前 2450 年）；公元前 2500 年的基什国王麦西里姆的大量武器。这些文物上或多或少地刻有铭文，为重建如此古老、复杂和被遗忘的历史提供了意想不到的指向标。

除此之外，在泰罗的土壤下人们还发现了五六万块刻有铭文的泥版，这在当时或之后都是闻所未闻的。泥版上的图形和文字，就像其他文物及其铭文上显示的一样，与已知的亚述人的文字、造型风格有很大的不同，显得更加古老。

这些文物和文献被送往巴黎，人们立即开始研究。这为亚述学家们提供了证据，证明存在一种仍然未知的语言，与闪米特族的"亚述语"完全不同，它最终被称为苏美尔语。这门语言具有新的风格

左图这只银花瓶同样来自泰罗，瓶上刻有题献铭文，装饰着宗教类型的图案，拉格什国王恩铁美纳（前 2404— 前 2375）将这只花瓶献给他所在城市的主神——宁吉尔苏。

秃鹫石碑上的语言比古地亚时期的语言更古老，以其古典主义和特定的语法特征为标志，有助于复现苏美尔语的演变历程。

与银花瓶相较，这块石碑则更古老、更宏伟、更珍贵。它是历史遗迹，同时也是艺术品。拉格什国王安那吐姆（前2454—前2425）在石碑上记述了他的城市与邻近的乌玛之间的战争，并配以生动的场景进行说明：在上方，你可以看到士兵们在紧密的方阵中前进；下方则是堆积如山的、被秃鹫撕碎的故人尸体。作为最古老的苏美尔文学语言的纪念碑，它也是该国最古老的雕像杰作之一。

和写作形式，因此确实属于一个未知且古老的文明，至此终于被该国南部的探索者发现。

因此，考古学家极大地发挥了他们在寻找这段遥远历史方面的关键作用，毕竟这段历史已经从所有记忆中彻底消失：一方面，他们为破译者和语言学家提供了越来越多的新材料，在缓慢而曲折的历史重建进程中，这些材料至关重要；另一方面，他们从土壤深处带回的这些材料，是其创造者和使用者物质生活的各种元素，它们虽然通常是碎片，但真实而可靠。在泰罗的挖掘，对于找回完全失落的过去等于是迈出了第一步，这是不可想象的，这段历史甚至比人们最初希望的更久远——距今三千多年。

美国在尼普尔的挖掘

1889 年至 1900 年间，美国发掘者们也被美索不达米亚的南部地区迷住了，在费城宾夕法尼亚大学的支持下，他们来到位于巴比伦东南约 5 万米处的尼普尔遗址，并开设了四个考古场地，那里的废墟看起来有很

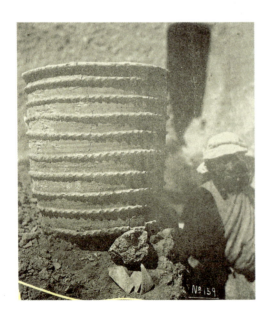

下页图显示的是，在尼普尔遗址被发现的闪长岩蟾蜍石边缘刻的一篇苏美尔语题献铭文，该文以公元前 2046 年至公元前 2038 年间统治乌尔的国王阿马尔辛的口吻所写："所有国家共同的国王、心爱的主人——恩利尔，为了建成他的圣殿，将我，阿马尔·苏埃纳，强大的国王，乌尔的统治者，世界四方的统治者召唤到尼普尔。我建造了这座圣殿，供奉中永远不会缺少蜂蜜、黄油和葡萄酒。"

赫尔曼·希尔普雷希特（下图）
从1898年开始领导尼普尔的考古
工作（上页图是挖掘过程中发现
的一个大黏土容器）。

多宝藏等待开发。人们很快了解到，这座古城是古代当地的宗教中心，围绕着它的主要神庙——埃库尔塔庙而建，这个名字可解释为"像山一样的神庙"，塔庙供奉着神与人的统治者恩利尔。

1948 年对尼普尔的第一次挖掘〔这一次是由其他技术人员（也是美国人）以严谨的科学考古学精神进行挖掘〕，标志着美索不达米亚考古学国际化的开始：继法国和英国之后，不同国家的其他学者也都来了，首先是美国人。当发现这样一个古老的文明时，他们充满好奇心和投入感，在这个故事中，他们一定感觉到，我们自己的文明可能也是以类似的方式起源。

这些挖掘自然发现了大量关于古代物质生活的遗迹，特别是大约 4 万块泥版，其中许多对古代（公元前 30 世纪末至公元前 20 世纪初）的文学和宗教研究具有相当重要的意义；而另一批则属时代更近的波斯时期（公元前 450 年至公元前 400 年），它们提供了一家专门从事农业用地买卖的公司档案。

这些发现尽管很好，但并不能否认当时挖掘的科学水平相当低，挖掘或多或少是以混乱的方式进行的，而且主要目的还是寻宝，不是解决历史问题。

地层学和陶瓷学：科学发掘

挖掘者在每一次活动中获得的经验将逐渐使他们的工作方式更具科学性。随着时间的推移，当深入地下，从而以整体的或碎片的形式从一页

早在 1889 年，尼普尔的发掘者们就注意到了一个在瓦砾下很容易看到神庙的土丘。在这一地区（跨页图），一座名为埃库尔的著名神庙被挖掘出来，它供奉着众神的统治者恩利尔，发挥其宗教作用，不仅是城市的精神中心，而且是整个国家的精神中心。在那里有一个由 2.3 万块泥版组成的图书馆，其中包括大量文学作品。这些泥版大都保存在费城大学博物馆。

考古发掘必须有条不紊。这里清楚地标出了连续地层，每一层都代表了当地古代历史中的特定时期。人们收集所有的碎片，因为这些碎片本身就是很有说服力的历史材料，并仔细复制发现的哪怕是最小花瓶的形状和特征，无论它们是完整的还是重新组合的碎片。

到另一页、从一层到另一层去重新整合相关历史档案时，他们注意到每一层中不断出现的重复和差异，这些重复和差异与不同地质时代的化石特征起着相同的作用：通过它们不仅能够识别每一个地层，而且可以与其他地层进行对比，在一个足以感知事物的连续变化和"进步"的年表中定位出该地层的相对位置。

在这个黏土地区，所有地层中最具差异性、数量最多，同时也是最容易识别的元素，就是无

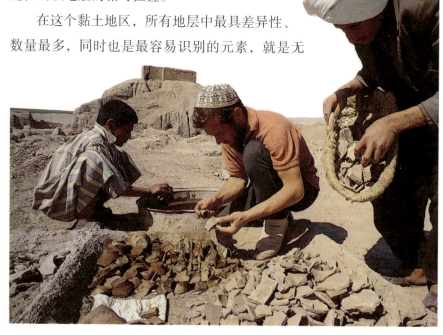

数的陶土碎片，它们的黏土质量、烧制程度、制作方法和装饰各不相同。因此，它们可以为时代划分提供不可替代的标准，通过它们来定位连续地层，确定相应的历史时期。考古学能够充分细分、利用其基本技能——地层学和陶瓷学，并在每一次挖掘中更加丰富和精确化，同时，通过更加严格和科学可控的标准得到证实和补充，考古学在时间的推移中有了良好的开端。

随着美索不达米亚有了新的造访者——德国人，情况开始发生变化。他们于20世纪末来到，不仅大胆地直接对该国最大的遗址——巴比伦、阿苏尔和乌鲁克/瓦尔卡——进行了发掘，而且很快展示出了他们作为研究人员那做事细致和有条不紊的素质。他们开发出新的实践方法并很快就得到了认可，为考古学成为一门历史学科做出了巨大贡献，于是，考古学逐渐精确化，并与最先进和可靠的实验室技术相联系。

"考古学家科尔德威面临着过去和将来最艰巨的任务：挖掘巴比伦！"（奥斯卡·鲁瑟）

严格来说，巴比伦并不是"被发现的"。庄严的游行队伍曾经经过的伊什塔尔神庙和圣道的高墙并没有为堆积的砖瓦碎片所掩埋，它们尽管已经被磨蚀，却仍然依稀可见。1896年，它们吸引了两位德国考古学家，爱德华·扎豪，特别是罗伯特·科尔德威，他们于1899年至1917年在此工作。巴比伦过去是一个真正的大都市，在19世纪90年代却已被一大片土地掩埋。它被封闭在一个双层围墙内，城市外部是一个巨大的矩形，长1800米，宽1300米，有近50座塔楼，还有后来我们从发现的文献中所知的1000多座神

科尔德威在巴比伦进行挖掘之后，考古学家试图绘制主要建筑的平面图，制造其立体模型，并对遗迹进行研究。

巴比伦最大、最著名的主圣殿埃萨吉尔，用来献给这座城市和宇宙至高无上的神：马尔杜克。这里是它的复原模型：在中间，你可以看到巨大的七层塔庙，高达 90 米，今天只剩下一个颓败的角落。右下人物图是于 19 世纪 90 年代绘制的科尔德威肖像。

庙和圣殿，其中最大、最著名的是公元前 20 世纪中期建造的埃萨吉尔神庙，它被用来敬献给伟大的神——马尔杜克，意为"崇高的尖顶圣殿"。它的塔庙有许多楼层，即《圣经》中著名的"巴别塔"。公元前 10 世纪中期的情况大致如此：城市中的寺庙和宫殿是由尼布甲尼撒二世或那波尼德（前 555—前 539）建造、修复的，在公元前 330 年后，有些甚至是由阿契美尼德王朝的波斯国王或塞琉西王朝的希腊人建造、修复的。

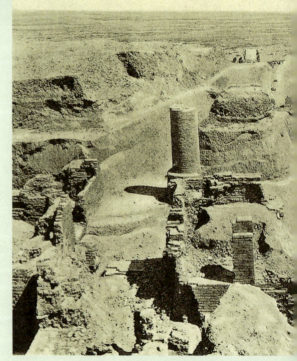

美索不达米亚：文明的诞生

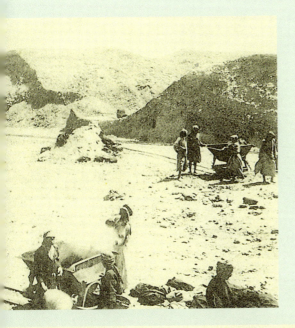

左边这张照片是挖掘者于1902年4月1日拍摄的,当时人们正在发掘这座城市的入口区域——伊什塔尔大门,沿着埃萨吉尔的墙壁漫步,这里也是迎接马尔杜克的巡游大道之终点所在。德科维尔式轨道车已经就位,用来运送被挖开的泥土。随后,建筑物的碎片、纪念碑的残骸、庭院和通道便被发现。下图显示的是巴比伦中心区的废墟,部分地区已被挖掘和清理。

从北面看（跨页图），伊什塔尔神庙大门已完成清理，它的墙壁超过12米高。我们可以从透视的角度猜测，远处便是迎接马尔杜克的巡游大道。在珐琅砖墙上，我们可以看到装饰墙面的大型动物图案。

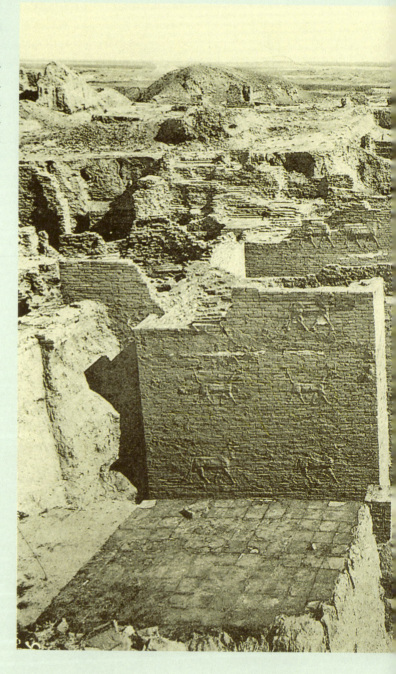

图中所示的彩色模型，是以迎接马尔杜克的巡游大道的局部和伊什塔尔大门为原型，很好地展现了这种纪念性和装饰性艺术的奢华、寒冷、宏伟，富有层次感。

　　考古学家无法探究更遥远的过去，因为他们无法深入更深的地下。古巴比伦是一座历史更为久远的古城，它在由第一位伟大的国王汉谟拉比（前1792—前1750）建造和装饰后，已经为泛滥的幼发拉底河所淹没。该城位于幼发拉底河以西，一项没有太多成果的调查表明，所有找到该城的努力都是徒劳的。在公元前10世纪中期，这座美丽而辉煌的城市，拥有整个世界的钦佩和惊奇，正如我们在阅读希腊历史时所感受到的那样。但它现在只剩下一大片废墟，绵延起伏的山峦覆盖着棕桐树，似乎是为了更好地强调它所承载的伟大历史是如何从地球上和记忆中被抹去的。

科尔德威的挖掘旨在恢复古巴比伦历史的一部分，同时让人们了解美索不达米亚的一座大城市可能是什么样子。那里的伊什塔尔大门被送到柏林博物馆，我们今天在巴格达看到的只是一个复制品；女神宁玛赫和古拉，以及尼努尔塔的神庙，特别是马尔杜克的埃萨吉尔神庙，几乎什么都没有剩下；南城

这里绘着动物形象的浅浮雕，由表面涂有厚实的彩色釉面的烧制砖制成，这风格是尼布甲尼撒二世统治时期作品的特色。当时的宗教思想充斥着可怕的动物寓言：如下图一显示的是象征马尔杜克的蛇头"龙"；下图二显示的是象征风暴之神阿达德的公牛。

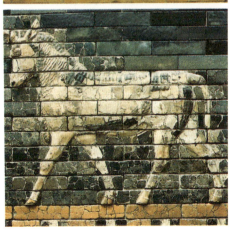

堡的纪念性建筑群，是行政区的所在地；考古学家在皇宫挖掘出的建筑让人想起被希腊游客称为世界奇迹之一的著名的"空中花园"；幼发拉底河的码头只剩下跨河大桥的残骸。科尔德威发现的巴比伦是东方考古学——或直接说是整个考古学的主要发现之一。

科尔德威在发掘古巴比伦上投入的巨大努力并没有使他减少对其他遗址的好奇心和热情。在他的这些主要成就中，至少我们必须提到，1902年6月至1903年3月，他对舒鲁帕克的古城法拉遗址的一次短暂挖掘，该地位于巴比伦东南约7万米。人们在当地发现了非常古老的铭文：一部分是经济性质的，另一部分构成了该国和世界上已知最古老的文学收藏，大约创作于公元前2700年，但这一点，直到1963年至1965年，美国人发掘了几乎与其同时代的阿布萨拉比赫土丘遗址时，才为人知晓！

亚述：两千年来重建的历史

巴比伦古老地层的不可接近，促使科尔德威和他的合作者及追随者在另一个地方寻找一个更古老的遗址，这样他们才不会停止深究该国的古代历

沃尔特·安德烈（下图）于1906年在阿苏尔发现了这幅公元前8世纪的釉面陶瓷画（下页图）。这类物品装饰了宫殿房间和门厅的墙壁。这幅画里所绘的是一位崇高的神正在欢迎并祝福他的信徒。098~099页的水彩画所绘为亚述神庙的庭院。

史。人们确信，北方亚述帝国的首都阿苏尔市，位于底格里斯河右岸，
下扎卜河口上游，一个名为舍尔加特堡的地方的废墟下，人们在那里
已经有一些发现。1903年，德国考古学家沃尔特·安德烈在那里进行
了一次挖掘，相关工作一直持续到1914年。

墙壁覆盖着这些釉面瓷砖，中间装饰着一个大按钮，我们不懂它代表着什么。在阿苏尔人们发现了很多这样的瓷砖。这些装饰的几何和风格化可以显现出艺术家们对其想象力的自由发挥。这幅画（上图为安德烈所作水彩画）可追溯到阿苏尔国王图库尔蒂-尼努尔塔二世（前890—前884）的统治时期。

在地面下的废墟，属于阿拉伯时代以及更早之前的萨珊王朝和帕提亚王朝。在那里人们不仅发现了数百块有关经济、法律、文学和宗教内容的泥版，丰富地展示了该国人民在公元前20世纪后半期的生活和思想，这一点在当时几乎是未知的，而且还发现了许多重要神殿的遗迹，特别是辛神和沙玛什神的神庙，还有该国的守护神伊什塔尔的神庙。

安德烈正是在阿苏尔充分发挥了自己的知识和技术：他能够一层又一层地追溯过去，重建这座圣地两千多年的历史。从最后一位亚述国王阿淑尔－乌巴里特（他在公元前612年死于巴比伦人和米底人的联合打击）的时代开始，回溯到公元前14世纪以来的各个国家；然后，在一个世纪前的一次洗劫造成的破坏得到了修复后，他又追溯到了公元前30世纪末；在21世纪即将到来之际，他甚至追溯到了这座圣地被创建之时。正是通过这些进步和成功，考古学建立并最终确认了其作为历史学科的价值。

瓦尔卡，德国第三次大发掘

在巴格达和巴士拉之间的沙漠中，甚至在洛夫特斯之前，人们就已经注意到了，在今天被称为瓦尔卡或以前被称为乌鲁克的地方，有一大片被沙子或多或少覆盖的废墟。1913年至1914年，科尔德威和尤利乌斯·约尔丹共同领导了一场为期一年的发掘活动，这场发掘从一开始就很有前景。但后来该工程因战争而中断，直到1928年才在约尔丹的领导下恢复，而科尔德威已于1925年去世，享年80多岁。

在这个庞大的建筑工地上，乍一看，困难在于发掘。乌鲁克至少在我们公元后的前两个世纪里一直有人居住，但后来幼发拉底河不再流经此处，不再浇灌该地区而是漂流至两万米外，此地才为人所抛弃。而帕提亚人的遗迹——神庙、宫殿和陵墓——占据了大部分地表。在没有忽略它们的情况下，挖掘者将他们的主要兴趣转移到了中部地区，该地区以一个巨大的土丘为标志，土丘中心处有一个大约 30 米高的用生土砖砌成的神庙，这就是著名的伊安娜神庙（"天堂之屋"），人们对其进行了发掘，希望重建其历史。

在 1929 年至 1930 年开展的第二次发掘中，约尔丹为了明确下一步的方向，对未开发的原始土壤进行了深入调查，从而明晰了该国著名古城之一从初次建立到 4000 年后被遗弃时所有地层的情况。

从那时起，人们继续有条不紊地挖掘这片广阔的废墟。1939 年，战争再次爆发，工作再度中断，直到 1954 年，在海因里希·伦岑的领导下才得到恢复。此后，这项工作每年都在继续——而今天再次因严峻的政治局势而中断。

中部地区及其神庙已如城墙一般被广泛发掘，但在如此富饶的土地上仍有许多工作要做，尤其是考古学家对这片土地进行了最细致和最严格的处理。他们最大的惊喜是，早在 1928 年，他们就发现了最古老的书面文件，几乎可以肯定，楔形文字早在公元前 3200 年左右就已经被当地人发明了。

乌鲁克的挖掘尚未完成，但仍然是美索不达米亚考古学的典范、榜样和参考。除了大量宝贵的文物和文献材料外，它还首次提供了下美索不达米亚地区的完整地层图。最古老的地层尚未被发掘，但离此地层最近的一层就是最原

1928 年，尤利乌斯·约尔丹开始发掘乌鲁克大神庙的一部分——伊安娜神庙，其最早可追溯到公元前 40 世纪初，用来献给天神安和他的"圣役"伊安娜。伊安娜在该国各地都是著名、富有且强大的女神。在神庙的墙上发现的最古老的文字，可能是在公元前 3200 年左右被创造出来的。首批被发掘出的泥版专门用于统计圣殿内的财产货物，人们可以看到刻得非常深入的数字和顶端的标志。

这座乌鲁克 C 神庙遗址的历史可追溯到公元前 40 世纪末。在那里，我们仍然可以看到厚厚的、凹凸不平的砖墙遗迹，它们划定了圣殿的门厅、房室和庭院。上图中已有两个房间被挖掘出。地面上烧焦的痕迹表明，在火灾中，支撑屋顶的长梁（长 9 米）掉了下来。

始居民定居时的土壤，大约在公元前 5000 年。直到数个世纪以来城市在建设中扩大，它们由最初的开放式，演变至被宽阔的城墙围住以达到防卫效果，并且越来越发达、复杂，这也是动荡时期来临的标志。

下页这张美索不达米亚的地图显示了自 19 世纪中期以来，人们的主要发掘地点。

"迦勒底的乌尔"，亚伯拉罕的故乡

在乌鲁克东南约 6 万米处，在幼发拉底河的另一边，有一座今天被称为穆盖耶尔土丘的遗址，

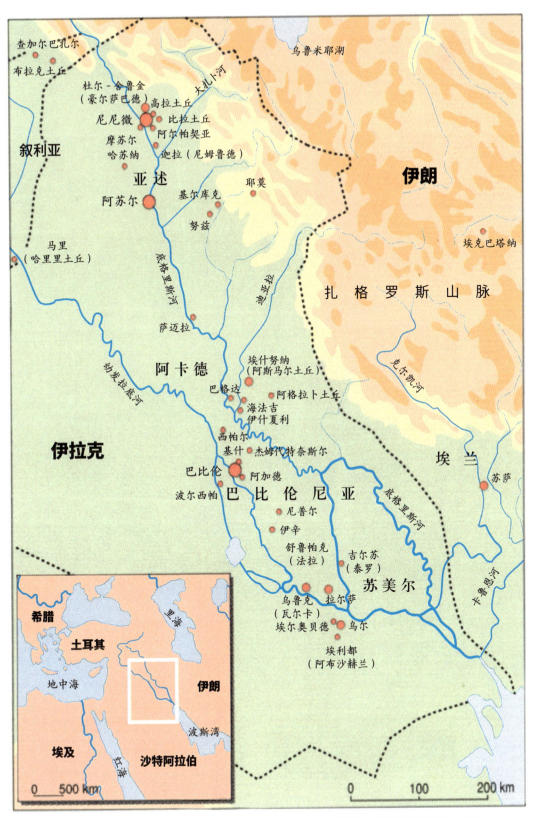

查加尔巴扎尔
布拉克土丘

叙利亚

杜尔－舍鲁金
（豪尔萨巴德）高拉土丘
尼尼微 比拉土丘
阿尔帕契亚
摩苏尔
哈苏纳 迦拉（尼姆鲁德）

亚述

阿苏尔 基尔库克 耶莫

努兹

马里
（哈里里土丘）

大扎卜河

乌鲁米耶湖

伊朗

扎 格 罗 斯 山 脉

埃克巴塔纳

克尔凯河

底格里斯河

萨迈拉

阿卡德

幼发拉底河

伊拉克

迪亚拉

埃什努纳
（阿斯马尔土丘）
巴格达 阿格拉卜土丘
海法吉
伊什夏利
西帕尔
基什 杰姆代特奈斯尔
巴比伦 阿加德
波尔西帕 巴 比 伦 尼 亚
尼普尔
伊辛
舒鲁帕克
（法拉）
乌鲁克 拉尔萨
（瓦尔卡）
埃尔奥贝德 乌尔
埃利都
（阿布沙赫兰）

吉尔苏
（泰罗）

苏 美 尔

底格里斯河

埃 兰

苏萨

卡鲁恩河

希腊
土耳其
里海
地中海 伊朗
埃及 沙特阿拉伯
波斯湾
红海

0 500 km

0 100 200 km

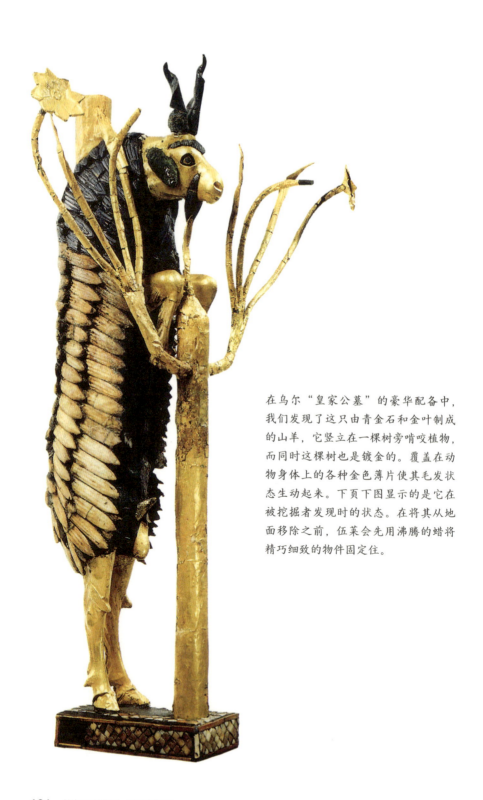

在乌尔"皇家公墓"的豪华配备中，我们发现了这只由青金石和金叶制成的山羊，它竖立在一棵树旁啃咬植物，而同时这棵树也是镀金的。覆盖在动物身体上的各种金色薄片使其毛发状态生动起来。下页下图显示的是它在被挖掘者发现时的状态。在将其从地面移除之前，伍莱会先用沸腾的蜡将精巧细致的物件固定住。

J.E. 泰勒早在 1854 年就对它进行了快速考察，罗林生则在那里找到了著名的乌尔古城遗址，根据《圣经》，亚伯拉罕就是从那里出发的（《创世记》，第 11 章）。然而，直到 1922 年，英国人才回到那里，考古学家伦纳德·伍莱在那里认真开展了一系列挖掘活动，直到 1934 年。

人们在那里的发现非常丰富，特别是在神圣区域。在那里，人们清理了供奉月亮神的大型神殿——埃基什努伽尔神庙（"伟大的光之神庙"）以及周围地区的遗迹。神庙的旁边是一个高约 20 米的塔庙，由烧砖砌成，保存相对完好。他们还发现了数以千计的铭文和泥版，内容涵盖了从公元前 30

"竖琴或七弦琴是皇家陵墓殡葬用品的标志性配备，在巨大的'死亡之坑'里，至少有四把七弦琴。其中一个是我们所有曾经得见中最美丽的：它的音箱边缘有一条宽的、红色、蓝色和白色构成的三色马赛克；两个立柱上镶嵌着贝壳、青金石和红宝石，由宽金条隔开；横梁的一半是用普通木材做的，另一半是镀银的；刻有动物形象的贝壳板装饰着乐器的正面，在它们上方，有一个华丽的长着胡须的公牛头，由纯金制成，向前突出。"

——伦纳德·伍莱
《迦勒底的乌尔》，
1930 年

世纪初，一直到尼布甲尼撒二世和那波尼德统治时代之间的各个时期。这些铭文和泥版富含信息，为人们追溯这个城市和国家漫长历史的各个阶段提供了宝贵线索，而且这些资料中的大部分都是在当地人的房屋和住宅中被发现的，有可能这些房屋和住宅里曾经保存或使用过这些资料，甚至就是这些资料被创造出来的第一现场。这些发现，帮助我们揭示了一部分人口的生活和活动。

死亡的宫殿

美索不达米亚考古学史上最壮观、最独特的发现是对古代"皇家陵墓"的发掘，我们现在可以对它追溯到公元前 2600 年左右。人们在 1926 年至 1931 年对它进行了探索：陵墓大约有 15 个

在某座皇家陵墓的平面图上（下页图），通过计算头骨的数量，我们可以得知为护送死者而随葬的尸体有数十具：有男人和女人，有（戴头盔的）士兵和动物，特别是有四只牵引动物以及它们所拉的战车。上图，根据挖掘现场的情况和发现的文物，人们可以遥想大约在公元前 2600 年，皇家陵墓中举行葬礼的情景。

坑道，其中不止一个坑道能够扩展成一个完整的建筑群，那是一个真正的死亡宫殿。在君主遗骸的周围，围绕着一堆用来殉葬的宝物：丰富的家具、箱子、床、乐器、玩具，珍贵的陶器、武器、珠宝以及黄金和宝石的装饰品。而被安放在一个坟墓里的骷髅，竟多达 70 多具！显然，整个宫廷的人都被谋杀了——为了护送他们的主人到来世。陵墓中不仅有战车、装备、牵引牛和驾车者，还有武装士兵和穿着金色、镶嵌青金石服装的贵妇人。这是古老、野蛮和残忍的葬礼仪式的独特物质见证，幸运的是，今天这种仪式已经被抛弃。许多后来发现的遗迹——圣殿和各种建筑——都唤起了这座城市从最初兴起到最终结束的辉煌和沧桑，特别是在公元前 30 世纪的最后一个世纪，当时它是一个统一、强大和繁荣王国的首都，由于与外国的积极贸易——特别是海上贸易而格外富饶。

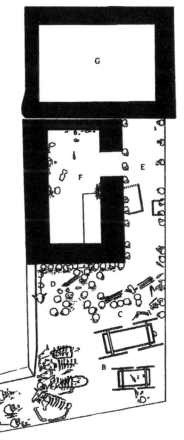

乌尔的被发掘标志着一个时代的结束，在这个时代，考古学家的首要目标是探索该国的首都，但他们的兴趣也会随着次一级遗址的被发现而转移，这些遗址也许没那么引人注目，但从历史的角度来看，这些遗址的密度甚至更高。尤其是考古学家们会对其进行更为严格和细致的挖掘和检查，自然也会获得更准确、更富有成效的结果。例如距离乌尔不远的埃尔奥贝德土丘和位于巴比伦东北约 3 万米的杰姆代特奈斯尔，等等。

这种发现于乌尔古代地层中的马赛克图画（沥青底层上嵌有碎裂的贝壳，带有玛瑙和青金石装饰），一面展示的是"战争"，另一面展示的是"和平"，由于找不到更好的解释，它暂时被称为乌尔"旗帜"。

第五章
国际研究

从两次世界大战之间的时期开始，伊拉克对本国的考古遗产产生了积极的兴趣。1958 年革命后，这个年轻的共和国对外国考古学家开放。新的发掘进一步提高了人们对美索不达米亚文明的认识。

————

1946 年至 1949 年间，伊拉克考古学家与英国人一起在埃利都对塔庙进行了深入挖掘，在塔庙下面发现了一座供奉恩基 / 伊亚神的古老神庙的遗迹，他们从这座神庙中发现了自公元前 40 世纪王朝建立以来 17 位统治者的遗物。这尊埃比伊尔总督的雪花石膏雕像是在马里的伊什塔尔神庙里被发掘出来的。

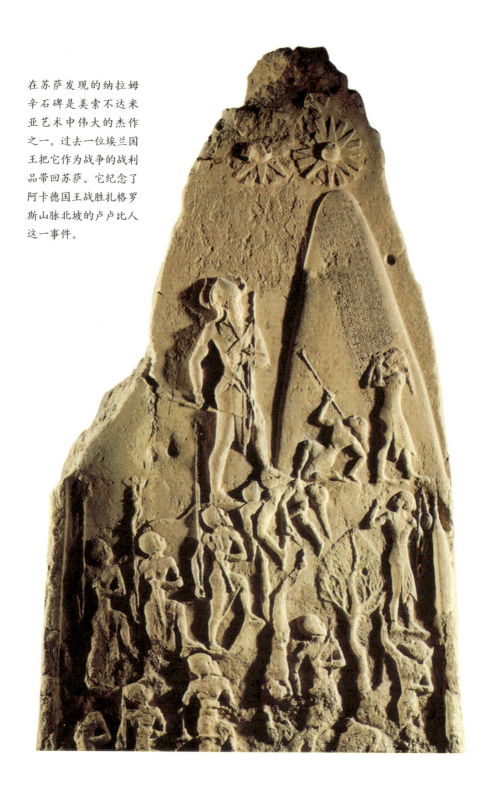

在苏萨发现的纳拉姆
辛石碑是美索不达米
亚艺术中伟大的杰作
之一。过去一位埃兰国
王把它作为战争的战利
品带回苏萨。它纪念了
阿卡德国王战胜扎格罗
斯山脉北坡的卢卢比人
这一事件。

在美索不达米亚，日益严格和科学的考古研究倾向逐渐影响了考古学的发展方向，在不阻止那些大型考古工作组和发掘者继续对著名城市展开工作的前提下，研究人员更愿意将关注点投入远离中心且规模狭小的次一级遗址，甚至包括在美索不达米亚领土之外的区域，因为这个高度文明国家的居民在很早以前就向周围地区输出了大量的文化珍品。在东南部，我们可以提到埃兰的苏萨，那里有一些对美索不达米亚文化（比如历史和艺术）至关重要的作品，如令人震撼的纳拉姆辛石碑（前2254—前2218）和著名的《汉谟拉比法典》（约1750年），两者都是曾经被来自埃兰的掠夺者从它们的家园劫掠至此；在遥远的西北部，我们可以提到安纳托利亚的博阿兹柯伊（原名哈图沙），它在公元前20世纪时是印欧赫梯人的首都，这些赫梯人从巴比伦那里学到了很多，包括文字；在地中海沿岸的叙利亚，我们可以提到拉斯沙姆拉（原名乌加里特），自1928年以来，在这座古城的废墟中，人们发现了大量文学作品，在这些文学作品中除了阿卡德语和楔形文字，人们还发现了一种当地语言——属于闪米特语但未知的语言，以及一种新的字母系统，含有楔形文字元素，可追溯到公元前20世纪中期；最后，我们还可以提到在阿勒颇以南约3万米的埃布拉（今天的马尔迪赫土丘），当地人在公元前30世纪中期就在使用楔形文字，他们用苏美尔语和古阿卡德语书写，但也用一种接近古阿卡德语的新闪米特语书写，数以千计镌刻着这些文字的石碑被发现……

增进对美索不达米亚史前史的了解

现在，令挖掘者感兴趣的不仅是历史上最古老的遗迹，即跨越了公元前60世纪至公元前40世纪的，如哈苏纳、萨迈拉、哈拉夫土丘和奥贝德土丘等在时间上连续发展的文化遗迹，而且还有更遥远的史前时期，例如位于大扎卜河谷上方的沙尼达尔洞穴，产生于旧石器时代中期，距今 5 万多年，以及伊拉克库尔德斯坦的巴尔达巴尔卡遗址，距今 3 万余年。

另一方面，考古学家不止一次地决定，不再专注于特定地点的开发，而是关注具有一定数量的周边遗址，对其进行"整体性探索"。这样不仅可以研究每一个遗址对历史的贡献，而且还可以在人类学和历史学意义上，研究它们之间的相互关系，以及它们之间的变动和分歧。

这些渐进的转变成为美索不达米亚甚至整个近东地区考古探索的标志，并一直延续到今天。当然，我们必须承认它也确实有一些失败，尽管数量很少。也许最不幸的是，人们始终没有找到萨尔贡大帝（前

保罗·马蒂埃在埃布拉进行挖掘时发现了一个特别的遗址，尽管阿卡德国王和后来的赫梯国王摧毁了该遗址，但该遗址仍占据着一方天地（下图是 1994 年发现的后宫殿时期的古宫殿，约前 2100—前 1900 年）。该遗址围绕着一个卫城组织起来，那里是一个公共建筑群的所在地。建于公元前 30 世纪的宫殿 G 位于卫城西边，它提供了一个非凡的建筑案例，其"观众席"以一个巨大的立面为主，无疑代表了君主和显要人物。同样值得注意的是行政区，那是一个面积超过 1000 平方米的建筑群和王座厅。

2334—前 2279）的古都——阿卡德或阿加德的所在地，这个曾经的都城在很长一段时间内都很有名。尽管有各种各样的人曾经兴奋地以为自己找到了它，但它至今仍然在土壤之下沉睡，谁也不知道它究竟在哪里！可能在尼普尔和西帕尔之间的地层下。

新文化

从考古学的角度来看，美索不达米亚北部，我们称之为亚述的地方，不如南部地区受人关注。但由于在各地进行的挖掘中，我们发现了大量重要的历史数据：北部不仅有艺术作品，特别是绘画陶瓷，远远比南部地区的更加美丽，还有来自北欧或其他国家的新人口和新文化，虽然他们很难真正融入美索不达米亚的世界，甚至对美索不达米亚充满敌意，但他们至少在一段时间内在该国发挥了关键作用。

1927 年，美国人爱德华·切拉在基尔库克地区发现了一个小土丘，他立即开始挖掘，发现了500 多份楔形文字文献。为了进一步研究，他立即前往约尔干土丘附近的一处遗址，并从挖掘出的数千块泥版中得知，他正站在公元前 30 世纪的一个名为伽苏尔的城镇上，这个城镇在公元前 20 世纪中期时名为努兹。这些泥版虽然是用阿卡德语刻写的，但内容笨拙且"接地气"，充满了

这个带有割纹的花瓶在公元前 5500 年左右的哈苏纳陶瓷中很具有代表性。

这些勘探重建了史前美索不达米亚的社会环境和自然环境。尽管勘探结果有时具有不确定性，但这些地点的定位揭示了这些遗址的密度、规模和开发策略。在一个主要依赖底格里斯河和幼发拉底河及其多个分支灌溉的国家，人们可以找到不同时期的河流路线，城镇和村庄正是沿着这些河流建立起来的。

术语，主要是人名或专有名词，它们属于一个孤立语系，而不是苏美尔语、闪米特族语和埃兰语。人们还发现了胡里人和他们的同伴米坦尼人的线索，他们的足迹在美索不达米亚北部边缘延展，一直到地中海的海岸。

这个大花瓶（左上图）是在努兹被发现的，上面有印纹和浮雕装饰，属晚期作品。而左图的几何图案，常见于彩绘陶瓷表面，大约诞生于公元前5000年的哈拉夫土丘时代。上图是努兹壁画的残片（见于公元前20世纪下半叶）。

亚述的首都

　　同一地区更靠近西北方向的尼尼微，在经过1849年至1850年的几次探索之后，考古学家们似乎已经对其感到沮丧了，即使是钟情于大型遗址的考古学家。也许他们在这项任务的规模和困难面前退缩

了，于是在巨大的矩形城墙内，这片曾经被摧毁过的土地，在 1927 年、1956 年以及之后的几年里，人们只满足于对它的部分宏伟城墙和一些大门进行断断续续的清理。

在乌尔被发掘之后，1933 年，在尼尼微以东，一个小小的史前遗址——阿尔帕契亚被发掘；在 1935 年至 1939 年，在更高的地方，西部哈布尔盆地的布拉克土丘，纳拉姆辛时期的一座宫殿被发掘，然后它附近的查加尔巴扎尔也被发掘了，有一段时间，人们认为这里就是古代的舒巴特-恩利尔，即第一位杰出的亚述国王沙姆希·阿达德（前 1813—前 1781）所居住的首都。英国考古学家马克斯·马洛温在尼尼微东南约 5 万米处的底格里斯河上，发掘了在今天被称为尼姆鲁德（以前名为迦拉）的地方，即亚述的第二首都。之前莱亚德已经对其进行过探索。特别需要提到的是，马洛温发掘、清理了伊什塔尔和尼努尔塔的两座神庙，还有在底格里斯河古老河床上的码头、商务中心，以及四五座宫殿的遗

在发掘地的一个坑道中，发现各种类型的石棺，其中有几
个单独的墓葬。在美索不达米亚，尸体总是会被埋葬，从
未有火化或以其他方式销毁尸体的做法。在古代，人们会
把尸体折叠起来再埋葬在某种罐子里，并且还会随葬一些
祭品，好让死者在通往黑暗的地下王国的漫长旅程中随身
携带——他们的坟墓只是前往最终居所的第一步。

迹。其中保存最完好的是国王阿达德·尼拉里三世（前810—前783）的
宫殿，走廊上仍然排列着高而重的正交石，其形象和刻写在其表面的铭
文与位于豪尔萨巴德（杜尔－舍鲁金）的亚述宫殿中的风格类似。在
那里，他还发现了数千块泥版，是当时城市和国家的生活和历史的珍贵
见证。特别值得注意的是，在石刻中，有国王阿达德·尼拉里二世（前
911—前891）的石碑，在石碑上的铭文中，这位君主记录了他为翻
新和美化首都而下令开启的巨大工程，最后还有在一场盛大宴会上向
69574位客人提供的丰盛而奢华的食物和饮料清单，这些客人主要是国
家的政要和参与这一巨大工程的工匠。在众多珍贵的出土文物中，我
们必须强调的是那些雕刻象牙，这些象牙被用来装饰珍贵的家具，其风
格非常独特，尤其是我们能很容易看出它们受到了埃及的影响。

富丽堂皇的马里官殿

　　1933年，法国考古学家安德烈·帕罗在叙利亚幼发拉底河的右岸，离伊拉克边境不远的哈里里土丘偶然发现了一座相当大的雕像后，就开始了现场挖掘，然后他很快便将该遗址与美索不达

在马克斯·马洛温发掘尼姆鲁德的过程中，人们发现了大量经过分割和雕刻的象牙，其风格受到了埃及的影响。它们常被用来装饰家具（公元前10世纪前期）。图片中显示的是一个狮身人面像，有翅膀，戴着王冠。

这是马洛温在阿尔帕契亚发现的绘有几何装饰的彩色盘子，可以追溯到大约公元前5000年的哈拉夫土丘时代。

米亚一直以来都很著名的古城——马里联系起来，该古城在公元前20世纪中期就几乎消失了，人们曾或多或少地在周围地区设想它过去的位置。挖掘工作一直持续到今天，人们不仅发现了伊什塔尔神庙的遗迹，而且最重要的是，在其他被发现的建筑和财富中，有一座巨大的、迷宫般的宫殿，这座宫殿从那时起就被誉为世界奇迹之一。它有两个非常宽敞的庭院，两旁是走廊、房间、门厅、商店和小教堂，墙壁上仍然覆盖着色彩鲜艳的绘画。

在这座巨大的建筑群中，人们不仅找到了许多神灵、君主、总督、高级官员和音乐家的雕像（虽然它们常常是以碎片的形式出现，但如果运气好的话，也可能是完整的雕像；这些雕像不止一次被证明是真实的肖像），而且还发现了包含1.5万块楔形文字泥版的无价宝藏，记载的主要是关于经济及行政的内容，完美地反映了公元前1770年前后大约二十年间的宫廷生活。但最重要的是，其中还有许多是公函，从马里的官方角度来看，有很多公函中涉及了当时地方政治，以及从东方的巴比伦和埃兰到地中海沿岸的国际政治中的背盟情况。相关档案资料已经出版了三十来卷，我们仍然没有完成这一令人印象深刻的档案的汇编，更不用说在这座古老的城市里，挖掘工作还在继续深入，各种有价值的文物和文献数量还在持续增长。

这尊神像可以追溯至公元前3400年左右，它由雪花石膏制成，具有原始和几乎"抽象"的造型——只有眼睛突出！它来自布拉克土丘的神庙，人们在那里发现了300多个类似的神像。

迪亚拉河河谷的美国人

从1930年至1936年，在芝加哥东方研究所的赞助下，由伟大的亨利·富兰克弗特领导的美国考古学家们开始共同探索和开发巴格达以东约 5 万米处，迪亚拉河河谷的几个邻近遗址：阿斯马尔土丘（前埃什努纳，一个小王国的首都）、海法吉（前图图卜）、伊什夏利（可能是古代的内里布图姆）和阿格拉卜土丘。在那里，他们可以研究神庙连续发展的各个阶段，其中一些神庙呈现出不同寻常的椭圆形，神庙中古老的神和崇拜者雕像仍然沉睡着，它们的脸上有巨大的眼睛样窟窿。

在马里的发掘收获了丰富的文物：下图是皇宫王座厅的地下室，那里矗立着一座黑色玄武岩石像（1.5 米高），塑像的右臂上刻着公元前 30 世纪的最后二十五年，这座城市的总督之名——伊什图普 - 伊鲁姆。

就像在乌尔一样，人们在马里（下图）也发现了一个"旗帜"的元素：雕刻过的贝壳镶嵌在沥青的背景上（公元前30世纪后半期）。

1936年，在马里进行挖掘的考古学家团队围绕着他们的发现合影。在他们中间的白石雕像（1.4米高）代表一位女神，她手里拿着一个花瓶。这座雕像经过巧妙的设计，当它被摆放成某个特定姿势时，花瓶中的水就可以流淌出来，预示着丰收和繁荣。

伊拉克考古学的兴起

伊拉克人先是与英国人携手合作，然后在第二次世界大战爆发前不久，他们加入了国际考古学家的行列，开始发掘和剖析自己国家丰富的地下遗迹。他们整理出了一个围绕着阿卡尔库夫（过去名为杜尔库里加祖）神庙遗迹的建筑群，建于公元前20世纪中期，位于巴格达西北约3万米处。他们还发掘了埃利都遗址，这是该国最南端、离乌尔不远的一座非常古老的城市，

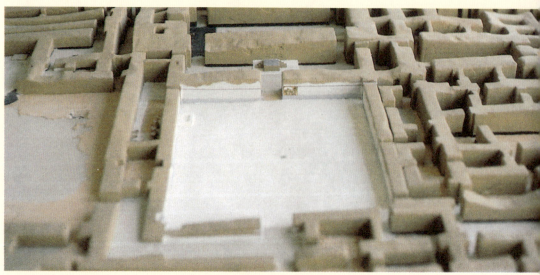

马里宫殿的宏伟程度在这张鸟瞰图和宫殿侧翼的重建图中被很好地展现，因此它在古代近东一定十分受到关注。地中海沿岸的一位贵族在公元前1780年左右写给阿勒颇国王的信中就证明了这一点，信中写道："让我看看吉姆里利姆宫殿吧，我想了解它。"

特别的是，他们清理了建于公元前 2000 年左右的多层塔楼，它的建造是为了覆盖一座古老的神庙。他们一个接一个地剥离和分析了神庙中大约十七个连续层，这些连续层的年代可以追溯到公元前 40 世纪中期它们被建立的时候。他们还在巴格达南部挖掘了哈马勒土丘遗址，发现了公元前 18 世纪一个名为沙杜普姆的小镇的遗迹。其中最重要的发现是，那里埋藏着许多泥版，在这些泥版中，不仅有一些已经非常发达和博学的数学文献，而且还有两份特别的"法典"的完整版本，比《汉谟拉比法典》短，但在埃什努纳王国，它比《汉谟拉比法典》早了几十年。

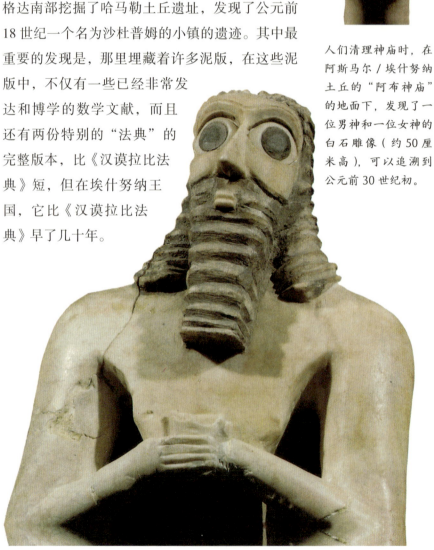

人们清理神庙时，在阿斯马尔／埃什努纳土丘的"阿布神庙"的地面下，发现了一位男神和一位女神的白石雕像（约 50 厘米高），可以追溯到公元前 30 世纪初。

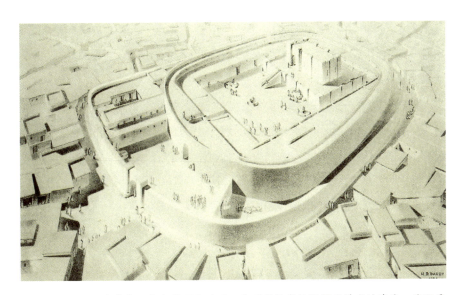

在迪亚拉地区的海法吉，考古学家发现了一座不同寻常的椭圆形神庙的遗迹，这里是它在经过完全清理后的平面图。它在美索不达米亚几乎是独一无二的，它的建立可以追溯到公元前 30 世纪初。六七个世纪后，人们仍然经常参拜它，不止一次地对它进行修复和改建。在同一地区，它与另外两个长方形的神庙相邻，其中一个是辛神庙。目前还不清楚这座椭圆形神庙是为哪位神而建，在它的周围和地下发现的神像和雕像也无法辨认。

受政治局势影响的研究

　　因第二次世界大战停止的大部分考古工作，在战后一个接一个地被恢复。随后古代美索不达米亚及其周边地区开始了许多新的挖掘工作，这些挖掘工作仍然是国际化的，例如自 1953 年以来一直在伊辛发掘的德国人；自 1953 年以来在尼普尔、自 1963 年以来在阿布萨拉比赫土丘以及自 1978 年以来在上哈布尔的勒兰土丘开发的美国人——人们似乎理所当然地认为，亚述的古都舒巴特－恩利尔应该就是在勒兰土丘，而非过去以为的查加尔巴扎尔；自 1971 年以来一直在摩苏尔西北 8 万米处的埃尔里迈土丘发掘的英国人；自 1953 年以来在巴林岛上发掘的丹麦人；自 1966 年以来一直在拉尔萨（现在的森凯瑞赫）发掘的法国人，拉尔萨是一个已经经过多次秘密挖掘的大型遗址，早已出土了数千块泥版；自 1965 年以来一直在塞琉西亚发掘的意大利人；自 1984 年以来一直在对卡尔巴拉以西的史前建筑进行发掘的日本人；尤其是发掘行动几乎遍布全国的伊拉克人，他们开发了很多大型遗址，其中著名的西帕尔（现在的阿布哈巴），已经为人们奉献出大约 5 万块泥版。1980 年，人们甚至发现了一个真正的图书馆，仅仅是第一个单独放置在墙上的"储物柜"，就包含数百件完整的文学作品和

人们在伊拉克发现了数千个考古遗址。最重要的几乎已经被探索和挖掘了。有些是在 20 世纪末就被开发过，后来又以更严肃、更有经验和更科学的方式重新发掘。尼普尔（下图显示的是美国人在 20 世纪 70 年代对其进行发掘的现场情况）就是这样。

残篇断章……

1991 年的伊拉克战争阻止了这一切。但在第一次冲突之后，伊拉克研究人员在外国研究小组的帮助下迅速恢复了各个地区——波尔西帕、哈马勒土丘，甚至尼尼微和尼姆鲁德——的搜索工作。尽管条件艰苦，新的发现仍在产生。国际研究小组目前正试图确定城市与其环境之间的关系，特别是在尼普尔或埃德德尔土丘，一个比利时研究小组正在探索这个地点。自 2002 年以来，因其他国家对伊拉克的干预和占领，研究再次中断。战争总是伴随着遗址被掠夺，文物被摧毁或分散。但是历史学家和考古学家有足够的耐心，他们知道世界上的一切都在变化……他们将在伊拉克继续他们的调查，并且相信这些调查是富有成果、有前景的。

2003 年 4 月 10 日，在前一天控制了巴格达的美英联军士兵的眼皮底下，成群结队的抢劫者从伊拉克国家博物馆的后门进入。因为未接到命令，士兵们便没有进行干预。抢劫者们抢走了博物馆工作人员无法保护的物品。在这些最重要的物品中，他们把乌尔公墓出土的可追溯至公元前 3000 年的七弦琴（上图，左）切成碎片，以提取黄金和其他贵重材料（上图，右，被毁坏的七弦琴的残骸）。

2009 年 2 月 23 日，伊拉克国家博物馆重新开放。文物部部长卡坦·阿巴斯说，2003 年从博物馆被盗的 1.5 万件文物中有 6000件已经找回。上图是博物馆重新开放时的外部视图；下页上图是在开幕当天到访的伊拉克前总理努里·马利基和博物馆馆长阿米拉·艾丹；下图是修复后博物馆的内部视图。博物馆曾在第一次海湾战争期间关闭，2000 年重新开放。2003 年，在美英联军进入巴格达时遭到破坏和抢劫，它再度关闭。博物馆最近的重新开放是否预示着伊拉克将迎来一个平静时期，更有利于研究和新的考古发掘？

TÉMOIGNAGES ET DOCUMENTS

资料与文献

考古学家兼任领事的时代

19 世纪中叶的法国和英国驻摩苏尔、巴格达或巴士拉领事在考古研究中发挥了先锋作用。其中就包括奥斯丁·亨利·莱亚德，他于 1845 年开始挖掘尼姆鲁德遗址，以及维克多·普拉斯，他在豪尔萨巴德开展发掘工作，是博塔的继承者。

莱亚德刚开始清理阿淑尔那西尔帕宫殿，发掘活动中最壮观的发现就出现了。

一大早，在我发现这些东西的第二天，我骑上我的马去参观阿卜杜勒·拉赫曼酋长的营地。当回到建筑工地时，我看到他部落的两名男子骑在一匹母马上，持握着缰绳向我疾驰而来。"快点，天哪，"其中一个人对我说，"快去看看你的挖掘工人们吧，他们找到了宁录本人。真的，真主保佑，这简直不可思议，但确实是真的！我们亲眼看到了，我发誓！"说完之后，他们一言不发地全速向帐篷跑去。

NINEVEH

AND

ITS REMAINS:

WITH AN ACCOUNT OF A VISIT TO THE CHALDÆAN
CHRISTIANS OF KURDISTAN, AND THE YEZIDIS,
OR DEVIL-WORSHIPPERS; AND AN ENQUIRY
INTO THE MANNERS AND ARTS OF
THE ANCIENT ASSYRIANS.

BY AUSTEN HENRY LAYARD, ESQ. D.C.L.

到达废墟后，我走到最新挖开的沟渠里，发现有两个工人站在一堆废弃的篮子和衣服旁边，他们在我走近时也看到了我。当阿瓦德走到我面前，向我讨赏以庆祝这一事件时，其他人掀开了他们匆忙布置的防水布，于是一个用雪花石膏雕刻的巨大人头便呈现在我眼前。工人们清理了顶部，其余的仍埋在地下。我立刻意识到这个脑袋一定是有翼狮子或公牛的头部，就像在豪尔萨巴德

和波斯波利斯发掘到的一样。它的面部表情平静但庄重，线
条的风格证明了艺术品创作的自由和科学，人们很难想象
到在时代如此遥远的作品中会有这种特质。它头部戴的
帽子上有三个角，与在亚述其他地方发现的有翼公牛
塑像不同，后者的帽子是圆形的，顶部没有装饰。

　　当得知阿拉伯工人对这一发现感到震惊，甚
至惊恐时，我并不感到惊讶，因为人们不需要很
大的想象力就能看出那是一个奇美拉①。这个脑
袋从土壤的深处被挖掘出来，呈现出它最初的
白色，很可能是某个当地传说中经常提到的那
些可怕的生物。这些生物慢慢地从阴间浮现，
直到站在凡人面前。我还听说有一个挖掘工
人在发现这个怪物的当下，马上扔
下他的篮子，跑到摩
苏尔去了。这件事

——————
①　古希腊神话
中的怪物，形
象为狮头、
羊身、蛇
尾的嵌合
体。——
译者注

使我惊愕，因为我意识到它会带来怎样的后果。

当我正在监督工人们清理巨大雕像身上的泥土，并指示下一步工作时，我听到一匹马疾驰而过，突然阿卜杜勒·拉赫曼带着他半个部落的人马，出现在沟渠之上。这是因为阿拉伯工人回到营地便宣布了这一事件，于是所有人都立即跨上马鞍，飞驰到挖掘的土丘上，想亲眼验证这一令人难以置信的消息的真实性。当看到这个巨大的脑袋时，他们俯伏在地祈祷："唯一的真主，真主的先知穆罕默德！"我花了很长一段时间才说服酋长下到坑里，好知道这雕像是石头做的。"这绝非出自凡人之手，"他说，"而是由那些不敬虔真主的巨人所作，他们比最高的棕榈树还高，而这是他们的先知——愿他平安！这是诺亚，偶像之一——愿他平安，巨人们在洪水之前被诅咒了。"这一结论是经过仔细考虑后提出的，得到了部落所有到场者的赞同。

然后我下令在雕像的南面再开辟一个新的挖掘场地，希望能找到第二个类似的雕像。到天黑的时候，我们已经找到了要找的东西，就在大约4米远的地方。我让两三个工人留守现场过夜，然后自己回到村子里，让人烤了一只羊，以庆祝这一天的发现。当地所有的阿拉伯人都参加了宴会，碰巧有几个音乐家经过塞拉米耶，我就邀请他们加入宴会。舞蹈和欢乐一直延续到夜幕降临。

第二天早上，底格里斯河对岸的当地人和周围村庄的居民聚集在挖掘现场。就连妇女们也忍不住好奇心，带着孩子从很远的地方赶来。我信任的卡瓦斯一整天都在沟渠里看守，以防人群下到沟渠里。

正如我所担心的那样，这个巨大的人头被发掘的消息被那个惊恐的工人带到摩苏尔，在城里引起了一定的骚动。那人一口气跑到桥上，气喘吁吁地进入集市，向路上的每个人宣布：宁录的真身从地里冒出来了。这一信息很快传到了法官的耳朵里，这个法官本来就一直在寻找给我制造麻烦的机会。于是他把穆夫提和乌莱玛①召集到家里，与他们讨论这一意外事件。经过审

---

① 穆夫提，伊斯兰教教法说明官，职责是依据《古兰经》、圣训对各类诉讼提出法律意见，作为判决依据。乌莱玛，泛指所有得到承认的、有权威性的伊斯兰教法学家和神学家。——译者注

议，他们来到总督面前，代表该市所有的穆斯林提出庄严抗议，反对他们认为与《古兰经》戒律相抵触的考古方式。其实法官也不确定我们挖掘出的到底是这位著名猎人宁录的遗骸，还是他的雕像；至于伊斯梅尔帕夏[①]，他甚至不记得宁录到底是一个值得信徒尊敬的先知，还是一个异教徒！无论如何，我从这位"总督阁下"那里收到了一条难以理解的旨意，命令我以应有的尊重对待这个来自另一个时代的遗迹，在任何情况下都不要动它。他要求挖掘工作马上停止，又表示想和我再讨论讨论相关问题。

因此，我按照他的命令去与他会面，却很难让他理解这个重大发现的确切性质。他要求我暂停发掘行动，直到事态平静下来。于是我只好回到尼姆鲁德，解散了我的工作组，只留下两个人沿着城墙挖掘土地，不紧不慢，以免引起任何新的冲突。

奥斯丁·亨利·莱亚德
《尼尼微及其遗迹》，1849 年

在豪尔萨巴德，维克多·普拉斯准备运送出土文物。

由于法国文艺部长决定将豪尔萨巴德出土的雕塑和其他古董运回国内，我不得不考虑应该采取什么措施来完成这项工作，因为部分出土文物的尺寸和重量都给运输带来了难题。以前，我的前辈们也完成过类似的任务，但他

---

① 埃及和苏丹的世袭总督，穆罕默德·阿里王朝第五位统治者。——译者注

们要么是选取那些被打碎成几个部分的巨大人像，要么就是把它们锯成四块，甚至六块，这才解决了困难。在运输过程中，重要的不是零件的数量，而是要移动的大件文物的尺寸和重量。然而，在我们发现的文物中，就有一个巨大的门，里面矗立着四块巨石，这不得不令人迟疑。此外，这座大门及其保存完好的雕塑、拱顶和拱门构成了尼尼微建筑艺术的独特范例，它为我们提供了关于装饰系统和建筑工艺的新信息，我们的藏品中如果能包含如此完整的古亚述文物，那将是非常难得的。因此，部长正确地认为，如果要成功地将这些巨石带回巴黎，就不应忽视任何情况。

部长提供了我所需要的一切：拨付足够的资金；一艘特别包租的大吨位船只将不日赶到巴士拉接收文物，并将它们带到勒阿弗尔，中途要在好望角往返两次。得到如此多的善意和付出对我来说是一种充满活力的刺激，所以尽管完全意识到这一任务有多困难，我还是决定冒险尝试。当我真正着手准备时，首先要做的就是评估巨石的重量，因为那决定了计划实施所采用方式的性质和承载力。利用一块规则的方形石膏，我得到了雕塑所用的同一块石头的精确体积为 2 立方分米，然后通过比较计算，我得出每个精灵塑像重约 1.3 万千克，每个公牛塑像重约 3.2 万千克。对国家提供给我的交通工具来说，它们是非常沉重的"乘客"。从豪尔萨巴德到底格里斯河，途中我们必须穿越长达 1.8 万米的沙漠，然后在摩苏尔和巴士拉之间航行 55 万米至 60 万米的距离，而我们没有陆路、马车、机器或足够强大的船只。在这种情况下，一切都必须自己创造。当我第一次咨询摩苏尔最有经验的著名商人时，他们都流露出对这种想法的害怕情绪，甚至直接表示这是不可能完成的任务。然而，我不愿意相信我们真的力所不及。此外，我们发现的一些浅浮雕上展示了亚述人曾经在当地运送、安置过这些现在要运回法国的公牛塑像。我把这些场景图交给工头，让他们感到羞耻，因为他们竟然不敢从事被他们轻蔑地称之为"偶像崇拜者"的人所做的工作。最后他们重拾勇气，我们决定开始工作……

运输问题解决后，载有古董的木筏驶往法国。但灾难来了。

在库尔纳附近，幼发拉底河和底格里斯河汇合处下方十多千米的地方，有一条因汇合而形成的新河，被称为沙特－埃尔－阿拉伯河。就是在这条河中，船和"克勒克"木筏遭到了"叛乱部落"的袭击。东方人民从未能够理解，为什么欧洲人从如此遥远的地方跑到这里进行考古探索，尽管我们尽了

用于运输古董的"克勒克"木筏。

最大努力，他们仍然坚持认为我们只是贪图宝藏。[1] 在整个挖掘和运输过程中，我曾小心翼翼地让任何有此疑虑者观看我们的工作，以说服他们，没有一件文物的发掘是为满足占有欲。尽管如此，怀疑我们的船队满载财宝的流言依然存在，驻扎在沙特 – 埃尔 – 阿拉伯河右岸的部落人迫使舵手靠岸。要么是由于强行碰撞造成的冲击，要么是由于抢劫者实施的暴力，船突然裂开并急速下沉。

两个木筏也被迫靠岸，情况没有好到哪里去。阿拉伯人对在船上找不到宝藏感到愤怒，于是用长矛刺穿了羊皮袋，将木筏击沉，因为他们知道托运人有时会将贵重物品藏在那里面。至于另外两个"克勒克"木筏，它们的舵手利用河流的宽度逃脱了追捕，幸运地到达了巴士拉。今天人们在卢浮宫里看到的我带回来的雕塑，就是由这两个木筏运回。我想补充一点，为了利用这艘船把我的发现带回法国，我又把我的行李、家当、藏书，以及一个充满好奇心的探索者在十五年的旅行中所能收集到的许多珍品，尽数托付给了这艘沉没的船。但这毕竟只是一场个人事故，与那些文物沉没造成的巨大损失相较，简直不值一提。

维克多·普拉斯
《尼尼微和亚述》，1867 年

---

[1] 此处所谓"叛乱袭击""考古探索"的说法，是较典型的殖民者视角。原文如此，此处聊作注明，以为参考。

巴比伦，消亡的荣耀

巴比伦……在历史、传说和文学中，很少有地名比它更出名。这个曾对古代近东地区具有影响力的巨大都市，现在已成为一片废墟。19世纪到来的旅行者们都对此感到遗憾。20世纪初，在德国人的开发后，伊拉克人也重新开始发掘，并尝试修复这座神话城市的一部分。

巴别塔山

在穆塞吉布和巴比伦废墟之间，有许多干涸的运河和古老的土堆（土丘）。在幼发拉底河岸和运河附近，你可以看到几个村庄被棕榈林环绕，这些运河将河水带到了该国的中心。骑马而行几小时后，我们看到南方有一个轮廓模糊的土丘。但当走近时，我们就发现了一个水平的山脊，两侧是垂直的悬崖。它仿佛是突然在冲积平原上升起，看起来不像是自然形成而像是人工设计出来的。后来我们便能够分辨出周围的大量建筑、城墙和运河遗迹。当我们的车队前进时，渐渐地，废墟开始呈现出它的轮廓。这里是巴别塔山，旅行者称之为穆德施利贝（Mudschelibé），但现在的居民已经忘记了这个名字。这是我们从北方来到这里遇到的第一批废墟。沿着幼发拉底河，长排的棕榈树拔地而起。巴别塔的

废墟堆后面，堆满了像波浪一样层层叠叠的泥土、砖块和瓦砾。独特的砖墙群矗立在最高的山上，阿拉伯人称之为"穆德施利贝"，意为"破碎的"，另外还有许多巨大的瓦砾堆覆盖了大片土地。高高的运河河岸在地面上形成隔断，呈现出类似山地的地貌。运河大多数被沙子填满，有一些仍然把水输送至村庄和棕榈林。白色的泥土上布满了玻璃、大理石、陶瓷和刻有铭文的砖块，这些砖块来自崩塌的房屋残骸，成为植被或农作物生长的障碍，使古代巴比伦所在的土壤变成一片裸露而可怕的沙漠。猫头鹰从贫瘠的灌木丛中掠过，讨厌的豺狼躲在洞里。"巴比伦，这个最美丽的王国，迦勒底人的荣耀和骄傲，已经被上帝抛弃了，就像索多玛和蛾摩拉一样，没有人住在那里，也没有人留在那里。猫头鹰在宫殿里嚎叫，龙在它的城堡里快乐地呼喊。"（《以赛亚书》第13章，19节、22节）

奥斯丁·亨利·莱亚德
《在尼尼微和巴比伦废墟中的发现》，1853年

在迦勒底单调的平原上

雅内·迪厄拉富瓦是考古学家、苏萨的挖掘者马塞尔·迪厄拉富瓦的妻子，她在中东旅行时发现了巴比伦的废墟。

1881年12月23日

希拉作为一个穆斯林城市，在12世纪初替代了迦勒底古城的地位。

当时，巴比伦的最后一缕光线仍然照亮了幼发拉底河岸：今天，尼尼微的对手，尼布甲尼撒的首都，已经沦为土耳其的一个副县……

如果你看看城市的周围环境，看看似乎连接了巴比伦两端两座土丘的碎石墙，你会认为希拉一定占据了拥有百扇铜门的围墙内513平方千米的土地，但我们无法从被防御工事包围的广阔空间里设想出无数的房屋。昆特－库尔斯声称，幼发拉底河畔的建筑群仅覆盖了90个方形体育

场①的面积，其余的土地都耕种着农作物，足以在被围困期间或饥荒时期养活公民。尽管为居民生活保留的空间不大，但人口还是非常稠密，因为与东方城市的习俗相反，这里的房屋通常建成三层或四层楼高，而东方城市的建筑用地通常没那么昂贵，所以占地面积较大而楼层不高。

12 月 24 日

只要看看平原上的土丘，就很容易在比尔斯最初看起来有点混乱的整体中找到由连续和重叠楼层组成的建筑的大致轮廓……在西北侧，缓坡道相互连接的阶梯上覆盖着釉面砖……甚至似乎（根据希罗多德的说法）这些阶梯是献给一周守护神的，覆盖着特有的颜色，它们的排列顺序遵循着日子的进程。在最后一座和第七座塔楼上方是尼波的幕帐，他是天地的最高仲裁者。

人们寻找那张桌子和那张华丽大床的行动无疑是徒劳的，据说上帝曾与一位土著处女在那里安息。人们也找不到那座小教堂了，从前牧师们每年都要在神圣的雕像前烧 1000 炷香，献祭最好的祭品，但现在，从比尔斯尼姆鲁德的顶部到底部，全部都是废墟和瓦砾。

我已经说过，今天，比尔斯与希罗多德说的贝卢斯·朱庇特神庙以及巴比伦传统的七光神庙是同一个东西，这是毫无疑问的，但罗林生爵士在该建筑角落发现的迦勒底圆柱体上的文字，揭示了一个更为奇特的事实：这些文字有助于证明希伯来的传统观点，赋予了贝卢斯神庙相对现代的起源。

尼布甲尼撒说过："这座建筑——七光神庙，是波尔西帕最古老的记忆所在，一位古代国王建造了它……但他没有建造它的顶峰。从大洪水发生的日子起，人们就抛弃了它，他们的话乱七八糟。地震和雷声震动了粗糙的砖块，把烧焦的砖块从墙面剥离下来，山体坍塌形成了小山。伟大的神梅罗达赫给了我重建它的动力，我没有改变它的位置，没有改变它的地基所在。在救赎的月份，在快乐的日子，我穿过拱廊，凿穿了山丘的生砖和墙面的熟砖，添加了圆形坡道，我把我名字的荣耀写在拱廊的中楣上。我下令重新建造这座塔楼，把塔顶抬高，它曾经就应该如此，所以我重建了它。它来自遥远的时

---

① 巴比伦体育场比奥林匹克体育场宽 4 米，奥林匹克体育场宽 180 米。

比尔斯尼姆鲁德，或称巴别塔。

代，现在我创造了它的顶峰。"

　　因此，希伯来人带到犹太的传统就是在这里形成的，著名的巴别塔或许就在我脚下。这座巨大建筑的建造和语言混乱的传说与历史或地质现象的发生有什么关系？我简直想说：神秘的黑暗仍然笼罩着人类的最初时代。

　　七光神庙——现在这是它的真名，并没有矗立在巴比伦的中心，而是位于波尔西帕的郊区。然而，我们不能从宗教中心和皇家中心这两种定性上的极端差异——一个以宫殿著称，另一个以比尔斯闻名，就得出结论，巴比伦和波尔西帕是两个独立的城市。例如根据希罗多德的说法，外墙包围了波尔西帕。然而，当得知情况并非总是如此时，我不会感到惊讶，因为宗教城市要么远离普通城市，要么与郊区混在一起，要么被包括在防御工事中，要么被置于国王修建的城墙之外。而城墙会被推倒，又会根据时代的兴衰程度，在更窄或更宽的范围内重建。

12月25日，从波尔西帕回来后，我们来到阿姆兰·伊本·阿里墓前露营……

粉碎的砖山，沟渠的碎片填满了其他古老的沟壑，使巴比伦的这一部分成为一个迷宫，人们在迷宫中四处走动，却找不到地标。一些沉重的砖石块被铁一般坚硬的砂浆连接起来，一只造型原始的玄武岩狮子，半埋在瓦砾中，这些就是迦勒底国王、亚历山大的居所留下的全部遗迹。

更不用说尼布甲尼撒建造的空中花园了。尼布甲尼撒是一位慈爱而勇敢的王子，他的妻子阿米伊斯是米底国王阿斯提阿格斯的女儿。她无法习惯迦勒底的单调平原而向往祖国的高山，所以尼布甲尼撒为了缓解妻子的思乡情绪而建造了这座空中花园。

空中花园并没有持续很长时间，昆特 – 库尔斯将它描绘成那个时代的奇迹，但西西里的狄奥多罗斯总是将它视为过去式。亚历山大死后，塞琉西建立，巴比伦逐渐被遗弃，失去了首都的头衔，从那时起，巴比伦建筑师的杰作逐渐被摧毁。树木因浇水不足而死亡，墙壁因缺乏维护而倒塌，阿米伊斯的宫殿成为灰烬与灵感的混合体。在阿萨息斯王朝时期，废墟被利用起来，花园被用作墓地，几年前挖掘的许多帕提亚陵墓中的发现证明了这一点……

雅内·迪厄拉富瓦
《波斯、迦勒底和苏萨》，1897 年

追随莱亚德的脚步

1927 年至 1932 年，马克斯·马洛温在尼尼微担任坎贝尔·汤普森的助手，1949 年开始领导尼姆鲁德的挖掘工作。在回忆录中，他细致地描述了亚述的风景，并对伊拉克工人的工作表达了崇高的敬意。

尼尼微的发掘活动

亚述古都尼尼微遗址给我们留下的第一印象并不令人失望。春天，当你从摩苏尔出发穿过底格里斯河河谷时，你会看到一堵真正的城墙，由柔软的绿色土丘组成。当你走近时，你可以听到羊的叫声，羊群在高地上吃草。我曾多次观察年轻的阿拉伯或库尔德牧羊人穿着带兜帽的斗篷，像另一个时代的小妖精一样在他们的羊群后面奔跑，发出奇怪的叫声。而在六千年前或七千年前，人们在尼尼微周围这片岩石地区建立的第一个小村庄里，这些叫声可能已经在回荡。

随着时间的推移，我对 1931 年与 R.坎贝尔·汤普森教授一起挖掘的每一个土丘都有了更好的了解。我们打开了一条大约 30 米深的宽阔沟渠，一直延伸到岩石基底，于是我们发现，亚述首都尼尼微是一个强大的城市建筑群，建于公元前 1800 年至公元前 612 年之间，而

且是建在更古老的史前遗址之上。亚述人像所有战士一样，在建造城市前首先会寻找一个占主导地位的战略位置，因此他们几乎总是在一些古老建筑的废墟之上定居。正是在一座名为库云吉克（土耳其语中"羔羊"的意思）的小山上，他们书写了历史中属于自己的一页，但经过讨论，他们后来在其他地方建立了定居点，如阿苏尔、尼姆鲁德和豪尔萨巴德。他们在阿苏尔建造神庙后，开始建造尼尼微。这座大都市占地近 7 平方千米，周围环绕着 1.8 万米长的城墙，公元前 612 年，城市被洗劫时，城墙尚未完工。

　　我写这篇文章的时候，距离我在尼尼微的最高点开设了考古工地并开始发掘工作，已经过去了三十年，但那种深深的喜悦感依然回到了我的脑海，仿佛所有事情就发生在昨天。尤其是在我们一边看底格里斯河，一边看杰贝勒 – 马克卢布的雪山时，怎么会不激动至此？在清晨的微风中，草地上的草随风微颤，你可以听到每一次镐敲击时，都伴随着泥瓦匠发出的"嘿"声，我们的劳动力由该地区精力充沛的农民组成，他们清理了覆盖这座著名城市遗迹的茂密植被。某次汤普森完成他上午的"轮班"后，让我负责下午的挖掘工作，我仍然记得那时为第一次负责挖掘活动产生的紧张感。在建筑工地工作的大约 150 人已经准备好对我指指点点，不久，事情就有了突破口。一个工人用镐掘地时突然发现了一个亚述皇家棱柱，上面刻有精美的铭文，属于辛那赫里布的儿子阿萨尔哈东国王（亚述 – 阿哈 – 丁，前 681—前 669）。但还未及对它进行详细检查，就有两个人为争当它的发现者而争吵起来，他们的骂战很快演变成了一场全面的混战。我费了好大的劲，才在这场疯狂的骚乱中打开了一条出路，一些年长的工人把两个主要的斗殴者分开了。当我们拿回发掘到的文物时，那两个人立即被解雇了。大家套了几句近乎之后，秩序逐渐恢复了，工作也继续进行。这件事使大家走得更近了，从那一刻起，我们都成了好朋友……

　　我对在尼尼微的这次挖掘活动存留着美好的记忆。在伦纳德·伍莱爵士的指导下，我在乌尔的荒漠中工作学习六年确实是一次令人兴奋的经历，但巴比伦是一个平坦、干燥的地区，经常为沙风肆虐，在我看来，北方的青山才是一个真正的天堂。我们住在一座小泥房子里，离土丘 1600 米，距乔纳清真寺一箭之遥，在古代，乔纳清真寺曾是亚述的兵工厂。在我们房子的庭院中生长着楹梓树，邻居家附近的花园有一大片玫瑰。我们很努力地工作，如果有可能会下雨，我们会在黎明前两个小时从黑暗中起床，爬上屋顶，探测天空，试图预测天气。如果我们决定让工人们冒险工作，就会发出一个发光信号，向尼尼微遗址的最高点挥舞三次灯笼，以吸引守夜者的注意，守夜者则会反馈"收到"的回答信号，但我们怀疑，这信号可能是他妻子接收到的，而不是他接收到的。从那里，我们的电话被向北转接到4000米外的迦迪亚村，大部分员工都雇自那里。当然，有时我们的天气预测也会出错，但基本上和目前气象站的准确率差不多。在那里，我们使用的天气预测方法在公元前1880年已经为亚述国王所熟知。这一点，我们通过破译在幼发拉底河畔的马里发现的皇家信件得到了证实。

在一年的头几个月里，天气可能非常寒冷，为了抵御寒冷，汤普森骑马去找库尔德商队，这些商队从山上下来，在摩苏尔出售木柴。他与商队一起走了一万多米的路程，边走边让他们降低价格，激烈的讨价还价一直持续到他们到达城市入口处的底格里斯河浮桥。在那里，商人必须支付通行费和各种税费，因此双方最终在过河前达成了协议。但那一年，价格非常高，汤普森还是没拿到合理的折扣。随着天气变得越来越冷，我们的处境渐渐绝望，有一天，汤普森夫人和我妻子在土丘上看到另一列商队，在她们的指示下，我骑上马去追赶商队，并以我的老板完全不能接受的价格购买了货物。在这次糟糕的购买之后，我静待着严厉的谴责，即使是妻子对我的鼓励也不会减轻谴责的严重性。然而，汤普森不过是做了一个友好的鬼脸来回应这一事件：年轻人被欺骗了，像这种亏本的买卖不会发生在自己身上。所以，后来一切都完好无损，他的荣誉也不例外！……

尼姆鲁德工人

很难说尼姆鲁德给我留下的最强烈的印象是什么。在冬天，它是一个相对较高的岛屿，坐落在泥海中间；在春天，这里将是一片广阔的草地在阳光下闪闪发光的景象；在初夏，它被视为一座炽热、骄傲、遥远的瞭望台，迷失在可怜的孤独中。

底格里斯河向西3000米穿过田野急速而下。从城墙的顶部，你可以看到烈日下这条河在陡峭、裂开、干涸的河岸之间翻腾，西面被由石膏、泥土和砂岩组成的峭壁阻挡。在下游，河床上布满了岛屿，覆盖着多刺的灌木丛，野猪在其中穿梭。向东，在不到 3 万米的地方，库尔德斯坦的第一座小山拔地而起，背靠着伊朗的山脉，其最高峰被永恒的积雪覆盖。河的两边，一直到东边的山脚，遍布着亚述起伏的休耕地和牧场，点缀着村落，有的小村庄还坐落在土丘的顶部。数百年来，古城的废墟堆积在土丘之下。

有时我会想起金色胸部的黄蜂形象，黄昏时它们会在巢穴入口前飞翔，隐藏在古老墙壁的裂缝中；有时我会看到那对野鸭在西南宫殿脚下安家。但是，没有什么地方比我们发现南部城堡的土丘顶部更热闹。黎明后不久，我们的守夜人站起来，看着山谷中的村庄，我们的工人们就是从那里出发，去工地开始他们的挖掘工作。他们来自拿法、尼姆鲁德、拿玛尼耶、苏夫和图特——"黑莓的斜坡"，或者来自从地平线上可以看到的六个村庄，延展直到一万多米外底格里斯河和扎卜河交汇处的卡沙夫河谷。我们用肉眼仍然可以分辨出曾经灌溉底格里斯河和扎卜河之间平原的古运河的线条，这是公元前 883 年，阿淑尔那西尔帕在其统治初期设计的"富足运河"，以便灌溉佃农们的土地。

我们的 200 名工人组成了一支小队攀上了土丘，日复一日，他们的小水壶在土丘的岩石上磕得叮当作响，被烟雾熏得漆黑。而居住在阿巴斯雷杰布或内杰菲亚的人走着沙尔马那塞尔国王铺设的路过来，有些人则坐在骡子上，他们庆幸有牲口代步，不用亲自攀爬通往城堡的崎岖道路。在每一周的开始，村民们便艰苦跋涉数千米聚集在一起，希望找到工作，如果是叛逃者，即使不是马上，也应该在不久后。我手下的一半人是长期工，其他人则是钟点工，他们觉得自己已经赚了足够的钱，便离开建筑工地，在摩苏尔市场买些茶、糖甚至衣服。我们的小队核心由来自阿苏尔对岸谢尔卡特村的 16 至 20 人组成。他们中的一些人已经是第三代的挖掘工人，最年长的人甚至记得沃尔特·安德烈并且在 1900 年后做过他的仆人。这项精细的工作他们完成得非常出色，每个人都是真正的艺术家，并将自己的职业良知推向了极致。有一位很擅长为壁画除尘，有一位擅长组装零散的尸骸，有一位擅长清洁象牙制品，还有一位擅长清理泥版，令上面的雕刻更加清晰地呈现。有些人有非凡的嗅觉来追踪遗迹，另一些人则十分有眼力，总是能精准地发现目标。只有专家才能从泥尘中提取砖墙的碎片，这些砖墙通常是西亚最古老的建筑。正因这些品质，加上多年的频繁训练，发展到了今天这样高的水平，亚述建筑的大部分平面图才得以恢复，因为界定宫殿墙壁的雕刻石头早已被移除。对这些人来说，任务并没有在日落时停止。我听到过他们讨论问题到很晚；我经常看到他们批评一方或另一方的工作；在休假期间，他们也会来巡视考察，预测可能出现的状况。在我们讲述尼姆鲁德的故事之前，应该先向他们致敬。当然，他们也会犯错、争吵、嫉妒、争夺荣誉，就像所有艺术家一样。但他们热情、顽强，他们喜欢挖掘和勘探，他们享受这份工作带来的快乐。我们怀着深深的感激之情将他们铭记于心。

马克斯·马洛温
《尼姆鲁德及其遗迹》，1966 年

令人混乱的语种

对外行来说，亚述学包含了科学的所有奥秘：最令人困惑的文字、难以激发想象力的杂乱废墟、一种难以想象其曾经辉煌的文明。尽管如此，人们对古代美索不达米亚的迷恋仍然存在。

邪恶的征兆

一个外行人面对楔形文字的神秘性时可能会做出的反应就是——惊讶和难以置信。如果你不了解它的历史，即使你将它写成大字，也无法理解。

年轻人，不要学习亚述语！这不是一种语言，这是一个笑话！只要看看这个小小的标志：。它看起来像一根手指，指的是一条危险的通道，或是公共厕所，或是某个入口！然而，它首先可以被读成"as""dil""til""d ili""ina""ru""rum""salugub""simed"和"tal"！简直不敢相信！但它还有许多其他含义！比如"aplu"，意思是"儿子"；"Assur""êdu"，意思是"独特"；"nadânu"，意思是"给予"。你真的相信吗？再看看这个标志：，它可以读作"dab""di""ti""du""dub""dugn""ha""hi""sar"和"sur"……意思是"四"或"站在旁边"，或"Assur"（即"阿苏尔"之意），或者"tâbu"（成为好的）和"tubbu"（好的），或者"kuzbu"（奢华）……这可能吗？年轻人却将它们囫囵个吞了下去！完全没有疑问，也不存在矛盾，因为老师就是这么说的！然而，如果一个传道者教导说，上帝创造了美丽完美的地球，但人用他的邪恶使地球成为邪恶愚蠢的东西，听众就会怀疑！太简单太美的东西，无法进入一个扭曲的头脑！文士和法利赛人哪，你们有祸了！……

A. 斯特林堡

《蓝皮书》

"丑陋的泥墙"

阿加莎·克里斯蒂是马克斯·马洛温的妻子，多年来一直伴随马洛温见证了伊拉克的许多挖掘活动，特别是 20 世纪 50 年代在尼姆鲁德的发掘。她的故事尽管以她自己热爱的小说模式浪漫化了，依然提供了一个有趣的角度来了解考古学家的生活方式和职业。

我想直截了当地告诉你，不要期望在我的故事中看到任何地方色彩。此外，我对考古学几乎一无所知。在废墟中闲逛，在被埋葬了很长一段时间的死者的骨头里胡乱翻拣，对这些，我简直无法理解。凯里先生常常说我没有考古天赋，我很快便承认了这一点。

在我到达的第二天，他问我是否想参观他正在绘制其平面图的"宫殿"——我记得他就是这么称呼的。虽然我很想知道，一个人怎么会想到为一个早已消失的东西绘图呢？但我还是回答说我很乐意，因为老实说，我对他的这个想法很感兴趣。据我所知，他说的这座宫殿已有近三千年的历史，我想知道当时的人们可能建造出什么样的宫殿，是否类似我从照片里中见到的图坦卡蒙陵墓。但是，信不信由你，那里除了泥什么都没有！丑陋的泥墙，

50 厘米高，仅此而已。凯里先生带我入内四处转悠，边走边给我介绍：那是荣誉法庭；那里是我也不知道是用来做什么的房间和楼层；还有俯瞰荣誉法庭的房间。我心想："他是怎么知道这些的？"但作为一个受过高等教育的人，我无法开口问他这个问题。无论如何，这一切不过令人更加失望！因为在我看来，整个挖掘现场只不过是一个巨大的泥潭——没有大理石，没有黄金，没有任何算得上美丽的东西……如果说什么是废墟，我想我姑姑在克里克伍德的房子会更有说服力！而这些亚述人——或者别的什么我不知道的称呼，竟然自称为国王。凯里先生向我展示他的"宫殿"后，他把我托付给拉维尼神父，由神父带我参观了陵墓的其余部分。我害怕拉维尼神父！他是一个神职人员，而且是一个陌生人，他的声音和别的一切都是如此深沉，但他非常和善——尽管有点不那么明显。我总是觉得这一切对他来说并不比我所感受到的更真实。

阿加莎·克里斯蒂
《美索不达米亚谋杀案》，1935 年
袖珍出版社，1992 年

濒危的遗产和历史

萨达姆·侯赛因倒台后，伊拉克国家博物馆（旧称"巴格达考古博物馆"）的失窃以及遗址的被掠夺，对伊拉克的遗产和历史学家来说是一场灾难。被盗或被掠夺的文物现在只能被论及其美学层面，因为有关它们的起源和背景已经难以寻回，所以它们对考古学家和历史学家来说是无用的。①

巴格达考古博物馆的失窃规模至今难以评估

虽然，我们的数据库中最令人关注的仍然是文物的当前"状态"——失踪还是寻回。在这里，我们还是注意到其他一些令人关切的问题。目前，我们仍然不知道伊拉克国家博物馆实际失窃的文物数量。2003 年 4 月，新闻报道该博物馆的全部藏品（约 17 万件在册文物）失踪，幸运的是，事实证明该新闻报道有误。2007 年 5 月和 6 月发表的报告中对失踪物品的数量做出的估算数字在 25 至 39 件之间，但事实证明这个数字同样具有误导性，而且误导的程度可能更大。与此同时，美国调查人员马修·博格达诺斯上校对博物馆抢劫案进行了现场调查。同年 9 月，据他估计，失踪物品的数量在 1.2 万到 1.4 万件。尽管不断收到归还的文物，但当时的伊拉克国家博物馆馆长多尼·乔治在 2004 年 3 月再次看到丢失物品的数字升至 1.5 万，这个数字自那以来几乎没有大的波动。这些估算数字上的差异给公众造成了巨大的混乱，并在一段时间内削弱了包括我们在内的参与研究工作的专家的可信度。事实上，只有在博物馆的藏品清算完成后，才能知道丢失物品的确切数量。然而，将每个文物从展架和容纳它们的展柜中取出需要大量时间。例如，东方

---

① 此处观点为原著所有，不代表编者及其他观点，特此注明，以为参考。

这座阿卡德时期（公元前 2300 年）的巴塞特基雕像的底部被发现时，正浸没在巴格达郊外的一个厕所中。

研究所博物馆对藏品进行全面的实物盘点时，每件藏品都位于展架上已知的位置，并且我们还拥有博物馆的档案，但这个过程仍然耗时数年。让我们想象一下，在巴格达，这对伊拉克国家博物馆来说意味着什么：那里的文物遭到劫掠，有的被从货架上扔下来，博物馆的部分档案被毁，那里实在有太多的不确定性。

　　2006 年，随着巴格达局势的恶化，博物馆的几名工作人员被迫离开伊拉克，此前他们焊接了存放物品的仓库大门。但是，如果没有对失踪物品进行任何的最终统计，我们将很难获得任何助益，也无法避免令人不快的意外，正如伊拉克国家博物馆收藏的圆柱形印章的命运所表明的那样。这批藏品被普遍认为是在美索不达米亚的所有挖掘过程中发现的最重要的印章，最初大家都认为它足够安全，因为它被锁在博物馆一个仓库的抽屉里。直到 2003 年 6 月 12 日，也就是抢劫事件发生两个月后，当人们检查抽屉时，人们才得知大部分藏品——4875 枚印章——被盗。印章是收藏家们非常垂涎的收藏对象之一，找到这些藏品的机会非常渺茫。

克莱门斯·赖歇尔

《"损失编目：芝加哥东方研究所数据库项目"，

灾难！伊拉克历史的掠夺和毁灭》，芝加哥东方研究所

由迪迪埃·德博尔译自英文

规模惊人的劫掠

现场考古学家吉布森·麦奎尔是尼普尔和基什地区综合报告的作者，他见证了 2003 年伊拉克考古遗址的被掠夺。

当全世界的目光还集聚在伊拉克国家博物馆遭遇的洗劫时，抢劫者已经在考古遗址开展了新一轮的掠夺，特别是在南部的古代苏美尔地区。灾难开始的第一天，数百人前往乌玛，赶走了文物部为保护遗址而留下的警卫，几年前曾是救援行动目标的几个附近地区再次成为这场洗劫的受害者。今天，我们知道南部地区至少有 36 个大大小小的遗址已经或正在被非法发掘。每天，这些遗址的文物损失无疑超过了伊拉克国家博物馆被抢劫造成的损失。抢劫者如此厚颜无耻，他们对美国军队笑脸相迎，声称自己的搜掠只持续了几天，但从损失的程度可以清楚地看出，他们的抢劫行动持续了几个星期。

2003 年 5 月 21 日，当陪同皮耶罗·科尔多内大使外出时，我目睹了一架美国直升机的损坏情况。皮耶罗·科尔多内大使是占领当局当时在伊拉克文化部的负责人。我向军方提供了一份涵盖 11 个地点的名单，我认为这些地方因其重要性和闻名度很高而极有可能遭到抢劫。其中大部分以前曾被外国

或伊拉克考古学家发掘过，包括尼普尔、乌姆哈夫里亚特和阿达布，这三个地点都是由芝加哥大学团队挖掘的。1903 年，埃德加·詹姆斯·班克斯在阿达布进行了前两次挖掘，由我亲自领导。5 月 16 日，我去了尼普尔，在那里我发现了最近一周内被掘开的洞穴。我们找到警卫和当地酋长。警卫向我们解释说，有 16 个人曾前来抢劫，他们的武器比警卫的更好，因此这场灾难不可避免地发生了。我认为，如果在安保上投入更多资金，雇用酋长和他的部落人，这个地方本来是可以得到保护的。我们乘坐直升机飞越它的那天，还没有新的挖掘痕迹。但在 6 月，我回到芝加哥几周后，便收到了一封记者从尼普尔发来的电子邮件，在邮件中他告诉我，又莫名多出了一百余个新的挖掘洞。

我们从尼普尔起飞前往乌姆哈夫里亚特，我曾在 1977 年探索过这个东部地区。在当地上空飞越而过时，土丘看起来像一个华夫饼，布满了新的挖掘

2004 年 1 月，抢劫者在伊拉克南部的伊辛遗址行动。

洞，但当时并没有看到任何人在那里行动。我向南驶向阿达布时，发现另外两个小地方也布满了新的挖掘洞，同样没看到任何人在那里行动。

阿达布是一个启示。我们环顾四周时，发现有 250 至 300 人在土丘各处挖掘。这场灾难造成的损失是无法想象的。很明显，挖掘将持续多年，阿达布的石碑、印章和其他文物一定会在一段时间内充斥全球古董市场。然后我们飞越了南部的施密德土丘，那里有五十人在挖掘。再然后是乌玛，在那里大约有三百人正在摧毁几周前伊拉克文物部刚刚仔细清理过的全部遗址。我们降落，军事护卫队向空中开火以驱散抢劫者。我们调查了现场，拍摄了考古学家发掘的房间里的粗洞和隧道。当我们的飞机再度起飞时，我可以远远地看到扎巴拉姆古城正在遭遇类似的破坏。虽然距离太远，数不清有多少人，但很明显，那些人也在肆意摧毁该遗址。文物部不久前刚发掘的乌姆阿卡里布也是如此……

麦圭尔·吉布森

《"战争时期的尼普尔和伊拉克"，东方研究所 2002—2003 年，年度报告》

由卡米尔·勒孔特和阿兰·博泰罗译自英文

古尼尼微受到威胁

抢劫不是对伊拉克遗址的唯一威胁。现代城市的扩张也在危及考古遗产。因此,摩苏尔的城市发展也对尼尼微的著名遗迹——辛那赫里布"无与伦比的宫殿"造成了威胁,它导致了强大东方帝国之一的首都不可避免地衰落。最终,亚述国王的辉煌宫殿和隐藏在数百年历史中的秘密可能会消失。

伊拉克摩苏尔——9 岁的尤尼斯正在努力打开锁住尼尼微大门的巨大钢锁。

一天下午的晚些时候,伟大的先知尤尼斯终于允许人们进入这个古老的遗址——奈比尤尼斯清真寺,它以先知约拿的名字命名,据说是约拿最后的安息之所。这个名字在现代城市中非常流行,却起源于古代城墙下的泥土,可以想见尚未被发现的古文明还有多少。

尼尼微的古迹负责人穆扎希姆·侯赛因说:"尼尼微几乎没有留下任何遗迹,因为它被(建筑)入侵了。"侯赛因说,在 20 世纪 90 年代,对供奉先知约拿的奈比尤尼斯清真寺——建在一座古老教堂的遗址上——的翻修造成了这座古城的部分毁坏,从河对岸的现代摩苏尔开始。

穆扎希姆·侯赛因认为亚述宫殿就埋在遗址下面:"遗址下面有很多宝藏,但考古学家未能阻止翻修工作。因为翻修工程是萨达姆·侯赛因总统亲自下令的,文物部无法反对,而且其中也有出自宗教层面的考虑,这是一个圣地,禁止在其附近或下方挖掘。"

1990 年,伊拉克考古学家在对奈比尤尼斯的挖掘中发现了新的亚述雕塑,这些雕塑被证明是宫殿的入口。穆扎希姆·侯赛因说,他用塑料包裹了它们,然后再次埋葬,用这样的方法隐藏和保护它们。

遗产保护专家表示,与伊拉克南部更孤立的考古遗址不同,尼尼微的城市化比掠夺带来的威胁更大。尼尼微曾经是古代世界最强大的城市，在公元前7世纪前后，它是一个帝国的繁荣首都，规模从尼罗河流域延伸至高加索山脉。

"掠夺确实是一个严重的问题，但在伊拉克和世界各地，城市的扩张和发展对考古遗址构成的威胁几乎同样大。"一位曾在尼尼微发掘过考古遗址但不愿透露姓名的华盛顿官方馆长说。

这位官员说："北部地区遗址的一个显著特点在于它们的规模和尺寸。据推测，在将近三千年前的鼎盛时期，这座城市有约10万居民。"他接着说，20世纪80年代末的发掘重现了埋藏在地下9米多深的村庄，但我们发掘到的不过是这个巨大遗址的百分之一。

在现代摩苏尔边缘地带的城墙内，农民们耕种土地、放羊。但是，对环保人士来说，当奈比尤尼斯附近的人口增加时，埋在地下的供水、排水管道才是造成破坏的真正原因。

美国国务院在尼尼微的省级重建小组的保护专家苏珊娜·博特说："新房子正在建造，你只需开车过去就能看到。过去，付钱就可以让人们离开。但是，如果配备了深入地下的供水、排水管道等基础设施，要让这些人离开就困难得多。"

在尼尼微，辛那赫里布宫殿的遗迹正在逐渐风化。在内尔伽勒门口，有翼公牛的巨大雕像暴露在四面八方的风中，在雨水和沙子的肆虐下被侵蚀，内部的雕刻面板也由于暴露在如此恶劣的外部环境下而受到磨损。

19世纪中叶，奥斯丁·亨利·莱亚德在这里进行了一次重要的发掘，他发现了这座古老宫殿的71个房间，上面覆盖着大约3000米长的雪花石膏浅浮雕，描绘了伟大的战役和宫殿的建筑。这些浮雕板要么被运到大英博物馆和卢浮宫展览，要么被出售给私人收藏家。莱亚德还发现了阿淑尔巴尼帕尔的图书馆，里面有数以千计的楔形文字黏土板，讲述了诸多历史事件。其中的一部分在1991年遭到了掠夺者的破坏，因为当时伊拉克受到贸易制裁，加剧了当地的贫困，中断了其他国家向伊拉克提供的文化援助。

美国考古学家约翰·罗素于1989年和1990年在尼尼微进行了发掘，他发现了宫殿的部分遗迹。五年后，他拍摄的浅浮雕的被盗碎片被公开出售于国际市场，所有这些碎片都是从 1990 年仍然完好无损的浮雕板上提取的。

　　联合国教科文组织世界遗产委员会认为尼尼微是地球上濒危的遗产遗址之一。对考古学家来说，这是一个关于世界早期文明未知故事的宝库。"挖掘是知道里面有什么的唯一方法。"

简·阿拉夫

《基督教科学箴言报》记者

迪迪埃·德博尔译自英文，2009 年

相关文献

一般性著作

［1］M. 波特：《消失的城市：近东的发现者和考古学家》，巴黎，1991 年。

M. Baud, *Cités disparues, découvreurs et archéologues au Proche-Orient*, Autrement, Paris, 1991.

［2］J. 博泰罗：《美索不达米亚：写作、理性和神》，伽利玛出版社，巴黎，1987 年；《书写、楔形文字和象形文字的诞生》大皇宫展览目录，1982 年 5 月 7 日—1982 年 8 月 9 日，巴黎：1982 年。

J. Bottéro, *Mésopotamie : l' écriture, la raisonet les dieux*, Gallimard, Paris, 1987 ; *Naissance de L' écriture, cunéiformes et hiéroglyphes*, catalogue de l' exposition au Grand Palais, 7 mai-9 août 1982, Paris, 1982.

［3］B. 莱昂、C. 米歇尔：《楔形文字及其解读》，博卡德出版社，巴黎，2008 年。

B. Lion, et C. Michel, *Les Écritures cunéiformes et leur déchiffrement*, De Boccard, Paris, 2008.

［4］A. L. 奥本海姆：《古代美索不达米亚》，芝加哥，1968 年。

A. L. Oppenheim, *Ancient Mesopotamia,*Chicago, 1968 (traduction française : *La Mésopotamie*, Paris, 1970).

［5］G. 佩罗特、C. 奇皮兹：《古代艺术史》第 2 卷，"迦勒底和亚述"，阿歇特出版公司，巴黎，1884 年。

G. Perrot et C. Chipiez, *Histoire de l' artdans l' Antiquité*, II, Chaldée et Assyrie, Hachette, Paris, 1884.

［6］M. 罗夫：《美索不达米亚和古代近东地图集》，1991 年。

M. Roaf, *Atlas de la Mésopotamieet du Proche-Orient ancien*, 1991.

［7］G. 鲁：《美索不达米亚》（博泰罗序言），塞伊出版社，巴黎，1985 年。

G. Roux, *La Mésopotamie* (préfacede J. Bottéro), Seuil, Paris, 1985.

发掘记述

［1］P.–E. 博塔：《尼尼微纪念碑》，巴黎，1849—1850 年。

P.-E. Botta, *Monument de Ninive*, Paris, 1849-1850.

［2］A.H. 莱亚德：《尼尼微及其遗迹》第 2 卷，伦敦，1849；《尼尼微纪念碑》，第 5 卷，伦敦，1849 年。

A. H. Layard, *Nineveh and its Remains,* 2 vol.,Londres, 1849 ; *The Monuments of Nineveh,* 5 vol., Londres, 1849.

［3］M. E. L. 马洛温：《尼姆鲁德及其遗迹》第 3 卷，阿伯丁，1966 年。

M. E. L. Mallowan, *Nimrud and its Remains,* 3 vol., Aberdeen, 1966.

［4］《雅克·德·摩根回忆录》，1857—1924 年，A. 若奈编辑，哈马坦出版社，巴黎，1997 年。

Mémoires de Jacques de Morgan, 1857-1924,édité par A. Jaunay, L' Harmattan, Paris, 1997.

［5］A. 帕罗：《马里》，纳沙泰尔 – 巴黎，伊德斯和卡伦德斯出版，1953 年。

A. Parrot, *Mari,* Neuchâtel et Paris, Ides et Calendes, 1953.

［6］V. 普拉斯：《尼尼微与亚述》第 3 卷，巴黎，1867 年。

V. Place, *Ninive et l' Assyrie,* 3 vol., Paris, 1867.

［7］E. 德·萨尔泽克和 L. 厄泽：《迦勒底的发现》，勒鲁，巴黎，1884—1912 年。

E. de Sarzec et L. Heuzey, *Découvertes en Chaldée,* Leroux, Paris, 1884-1912.

［8］C.L. 伍莱：《苏美尔人》，帕约，巴黎：1930 年。

C. L. Woolley, *Les Sumériens,* Payot, Paris,1930.

亚述学的历史

［1］《巴比伦的昨天和今天》展览目录，贝亚特丽斯·安德烈 – 萨尔维尼编辑，哈桑 / 卢浮宫博物馆，2008 年。

*Babylone, À Babylone, d' hier et d' aujourd' hui,*catalogue d' exposition, sous la direction de Béatrice André-Salvini, Hazan / musée du Louvre, 2008.

［2］N. 舍瓦利耶：《1842—1947 年法国中东考古研究》，ERC，巴黎，2002 年。

N. Chevalier, *La Recherche archéologique française au Moyen-Orient, 1842-1947,* ERC, Paris, 2002.

［3］《从豪尔萨巴德到巴黎，亚述人的发现》，展览目录，由埃尔·丰唐指导，RMN，巴黎，1994 年。

De Khorsabad à Paris, la découverte des Assyriens, catalogue d' exposition, sous la direction d' El. Fontan, RMN, Paris, 1994.

［4］Ch. 福塞：《亚述学手册》，巴黎，1904 年。

Ch. Fossey, *Manuel d' assyriologie*, Paris, I, 1904.

［5］P. 加雷利：《亚述学》，PUF，巴黎，1990 年。

P. Garelli, *L'Assyriologie*, PUF, Paris, 1990.

［6］M. T. 拉森：《征服亚述，1840—1860 年：发现的历史》，阿谢特出版公司，巴黎，2001 年。

M. T. Larsen, *La Conquête de l'Assyrie, 1840-1860, Histoire d'une découverte*, Hachette Littératures, Paris, 2001.

［7］S. 劳埃德：《尘埃中的基础》，牛津大学出版社，1947 年。

S. Lloyd, *Foundations in the Dust*, Oxford University Press, 1947.

［8］R. 马修斯：《美索不达米亚考古学：理论和方法》，劳特利奇出版社，纽约 – 伦敦，2003 年。

R. Matthews, *The Archaeology of Mesopotamia: Theories and Approaches*, Routledge, New York-Londres, 2003.

［9］A. 帕罗：《美索不达米亚考古学》第 1 卷，"步骤"（第 3 章，"楔形文字的破译"，第 109—125 页）阿尔宾·米歇尔，巴黎，1946 年；《苏美尔》伽利玛出版社，形式的宇宙，巴黎，1960 年；《阿苏尔》，伽利玛出版社，"形式的宇宙"丛书，巴黎，1961 年。

A. Parrot, *Archéologie mésopotamienne*, I,Les Étapes (chapitre III, « Le déchiffrement des écritures cunéiformes », pp. 109-125),Albin Michel, Paris, 1946 ; *Sumer*, Gallimard,L'Univers des Formes, Paris, 1960 ; *Assur*,Gallimard, L'Univers des Formes, Paris, 1961.

［10］E. A. 沃利斯·巴奇：《亚述学的兴起和进步》，伦敦，1925 年。

E. A. Wallis Budge, *The Rise and Progress of Assyriology*, Londres, 1925.

插图目录

006	"米肖石"。奖章柜，法国国家图书馆，巴黎。
007	纳克什－鲁斯塔姆悬崖上的石墓，照片。
008 右	埃尔文山的铭文，照片。
008 左	（叠图）两人正在临摹埃尔文山的铭文，版画，采自《波斯之旅》（*Voyage en Perse*），E. 弗朗丹、P. 科斯特，1841 年。
009	格奥尔格·弗里德里希·格罗特芬肖像，版画。
010	带有楔形文字铭文的花瓶，版画，采自《埃及、伊特鲁里亚、希腊和高卢文物收藏》（*Recueil d'antiquités égyptiennes, étrusques, grecques et gauloises*）第 1 卷，凯吕斯，1762 年。
011 上	波斯波利斯浅浮雕和楔形文字，版画，采自《阿拉伯之旅》，C. 尼布尔，1774 年。
011 中	古波斯的薛西斯铭文。
012~013 上	格罗特芬对大流士（波斯波利斯）长袍上铭文的解读和更正版本，采自《波斯波利斯楔形文字破译中的新贡献》，格罗特芬，1841 年。
012 下	由德·布伦从波斯波利斯带回，并送给西尔韦斯特·德·萨西的铭文。奖章柜，法国国家图书馆，巴黎。
013 上	《赞德－阿维斯塔，琐罗亚斯德作品》的标题页，亚伯拉罕·亚森特·安基提尔－杜佩隆，1780 年。
014	贝希斯敦的铭文，照片。
015 上	贝希斯敦遗址，版画，采自《波斯之旅》，E. 弗朗丹、P. 科斯特，1841 年。
015 下	亨利·克雷齐克·罗林生（Henry Creswicke Rawlinson）肖像，石版画，1850 年。大英博物馆，伦敦。
016~017	《纳克什－鲁斯塔姆的石墓》（*Les Tombeaux rupestres de Naqsh-é Roustam*），水彩画，克尔·波特，1818 年。大英图书馆，伦敦。
018~019	《比尔斯－尼姆鲁德》（*Birs Nimrud*），水彩，作者、年份、出处同上。
020	雅克·德·摩根肖像，照片。
020~021	文森特·沙伊尔神父肖像，照片。
022	埃什努纳王子雕像，照片，采自《驻波斯代表团回忆录》（*in Mémoires de la délégation en Perse*）第 6 卷，"埃兰语和闪米特语文献"，1905 年。
023	哈马丹大流士一世的金石碑，刻有三语铭文。考古博物馆，德黑兰。

024	石头上的楔形文字铭文，出土于尼姆鲁德，照片。

第二章

025	楔形文字铭文石碑，版画，采自《勒布伦穿越莫斯科、波斯和东印度群岛》（*Voyages de Corneille le Brun par la Moscovie, en Perse et aux Indes orientales*），C. 德·布伦，1718 年。
026	莱亚德发现的沙尔马那塞尔三世方尖碑（细部）。大英博物馆，伦敦。
027	沙尔马那塞尔三世方尖碑，其中一个侧面。出处同上。
028	在豪尔萨巴德发现的黏土棱柱，刻有萨尔贡二世的铭文。巴格达博物馆，伊拉克。
029 左	豪尔萨巴德出土的金属柱体，属新亚述时代，萨尔贡二世统治时期（前 721—前 705）。卢浮宫博物馆，巴黎。
029 右	有翼公牛塑像，来自尼姆鲁德西北角宫殿内院南壁。大英博物馆，伦敦。
030	"贝利诺圆柱体"。出处同上。
032~033 上	尼布甲尼撒二世国王的铭文临摹，采自《对解释巴比伦楔形文字的新贡献》，G.F. 格罗特芬，1840 年。
033 下	《对解释巴比伦楔形文字的新贡献》的标题页，1840 年。
034 上	黏土棱柱，刻有提格拉－帕拉萨一世的铭文。大英博物馆，伦敦。
034~035	阅读泥版上的文字，照片，采自《豪尔萨巴德》，劳德、阿尔特曼，1938 年。
036	"大洪水泥版"，出土自尼尼微，公元前 7 世纪。大英博物馆，伦敦。
037 上	乔治·史密斯肖像，照片。
037 下	刻有吉尔伽美什史诗片段的泥版，阿淑尔巴尼帕尔图书馆。大英博物馆，伦敦。
038~039 上	一些楔形文字特征的演变，采自《美索不达米亚地图集》（*Atlas of Mesopotamia*），1962 年。
039 中	同上。
038~039 下	刻有古代铭文的页岩板，公元前 40 世纪末。大英博物馆，伦敦。
040~041 上	泥版（AO 8866）上象形文字的细节。卢浮宫博物馆，巴黎。
041 下	同上。
041 中	一些楔形文字特征的演变，采自《美索不达米亚地图集》，1962 年。

042~043 上 约瑟夫·阿莱维各著作的标题：《所谓的阿卡德语是图兰语吗？》（*La prétendue langue d'Accad est-elle touranienne ？*）1875 年；《苏美尔主义与巴比伦历史》（*Le Sumérisme et l'histoire babylonienne*），1901 年；《学院主义的新演变》（*La Nouvelle Évolution de l'accadisme*），1876 年。

043 中 朱尔·奥佩尔《亚述语法元素》（*Éléments de la grammaire assyrienne*）的标题页，1860 年。

043 下 （叠图）朱尔·奥佩尔的青铜半身像，由泽特林（Zeitlin）制作，1900 年。法国学院，巴黎。

044 有三栏文字对照的泥版。卢浮宫博物馆，巴黎。

046 右 来自泰罗的记账泥版（记有犁驴的数量），约公元前 2360 年。出处同上。

046 左 来自泰罗的古地亚圆柱体，约公元前 2150 年。出处同上。

047 弗朗索瓦·蒂罗 – 丹然肖像，照片。

048 柱砖，照片，采自《迦勒底的发现》，E. 德·萨尔泽克，1884—1912 年。

048~049 下 恩铁美纳的圆锥体，采自《迦勒底的发现》，E. 德·萨尔泽克拍摄，1884—1912 年。

050 上 埃德尔土丘发掘现场发现的 56 块泥版，照片，1975 年。

050 中 阿尔诺·珀贝尔所著《苏美尔语语法的基本特征》的标题页（细节），罗斯托克，维斯法斯尔出版社，1923 年。

051 弗里德里希·德利奇（Friedrich Delitzsch）所著《读音节录》（*Lesestücke*）内页（细节），1900 年。

052 位于豪尔萨巴德的萨尔贡二世宫殿的浮雕，彩色版画，采自《尼尼微纪念碑》，P.-E. 博塔，1849—1850 年。

第三章

053 尼姆鲁德宫殿的复原图，采自《尼尼微纪念碑》的扉页，A.H. 莱亚德，1849 年。

054~055 迪亚拉河，版画，费利克斯·托马绘制，采自《美索不达米亚科学考察》（*Expédition scientifique en Mésopotamie*），J. 奥佩尔，1855 年。

055 右 尼普尔概览，照片。

056~057 下 迦勒底人在豪尔萨巴德挖掘，版画，A.L. 萨金特（A. L. Sargent）根据 E. 弗朗丹的素描刻画而成，约 1850 年。

057 上 　《保罗 – 埃米尔·博塔肖像》(*Portrait de Paul-Émile Botta*)，尚马丹 (Champmartin) 绘制，1840 年。卢浮宫博物馆，巴黎。

058~059 　豪尔萨巴德宫殿东北立面的状态，版画，采自《尼尼微纪念碑》，P.-E. 博塔，1849—1850 年。

060~061 　豪尔萨巴德的萨尔贡宫，版画，复原图由费利克斯·托马绘制，采自《艺术史》第 2 卷："迦勒底和亚述"，1884 年。

061 右 　拿着狮子的人被称为吉尔伽美什，是豪尔萨巴德萨尔贡宫殿的浅浮雕。卢浮宫博物馆，巴黎。

062~063 　尼姆鲁德的浅浮雕上刻画着狩猎场景。大英博物馆，伦敦。

063 右上 　《尼姆鲁德的神像》(*Statue de divinité à Nimrud*)，水彩画，由所罗门·马兰 (Solomon Malan) 绘制，采自《原图集》(*Original Drawings*) 第 1 卷，A.H. 莱亚德，约 1900 年。藏处同上。

063 下 　《奥斯丁·亨利·莱亚德穿着波斯服装》(*Austen Henry Layard en costume perse*)，水彩画，1843 年。藏处同上。

064~065 　《尼姆鲁德的浅浮雕》(*Bas-reliefs de Nimrud*)，水彩画，所罗门·马兰绘制，1850 年。藏处同上。

066~067 　尼姆鲁德西北角宫殿，水彩画，库珀 (Cooper) 绘制，采自《原图集》第 2 卷，A.H. 莱亚德，约 1900 年。藏处同上。

067 右 　女神塑像后视图，A.H. 莱亚德绘制，采自《原图集》第 1 卷，A.H. 莱亚德，约 1900 年。藏处同上。

068 左 　尼尼微的挖掘，素描，A.H. 莱亚德绘制，采自《原图集》第 4 卷，约 1900 年。藏处同上。

068~069 　尼姆鲁德的尼努尔塔神庙入口，水彩画，所罗门·马兰绘制，1850 年。藏处同上。

070 左上 　从阿淑尔巴尼帕尔宫中搬运有翼公牛，石版画，采自《尼尼微及其遗迹》，A.H. 莱亚德，1849 年。

070 右上 　在莱亚德的指导下，尼姆鲁德的一头大型有翼公牛塑像正被运输，石版画，平版印刷，出处同上。

070 下 　有翼公牛被放置在大英博物馆的新展厅中，版画，采自《尼尼微及其宫殿》(*Nineveh and its Palaces*)，约瑟夫·博诺米 (Joseph Bonomi)，1852 年。

071 上 　《有翼公牛在底格里斯河上的运输》(*Transport d'un taureau ailé sur le*

Tigre），水彩画，库珀绘制，西赖特（Searight）收藏，维多利亚和阿尔伯特博物馆，伦敦。

071 下　　大英博物馆亚述展厅走廊，照片，罗杰·芬顿（Roger Fenton），1858年。大英博物馆，伦敦。

072　　　维克多·普拉斯肖像，照片，特朗尚拍摄，1852年。

073　　　维克多·普拉斯在豪尔萨巴德的挖掘，照片，特朗尚拍摄。

074　　　豪尔萨巴德宫东南立面的复原图，费利克斯·托马绘制，采自《尼尼微和亚述》（*Ninive et l'Assyrie*）第3卷，维克多·普拉斯，1867年。

075　　　豪尔萨巴德Z门（后宫）复原图，费利克斯·托马绘制，出处同上。

076　　　瓦尔卡鸟瞰图，照片。

第四章

077　　　刻有阿达德神形象的青金石圆柱体被发现于巴比伦，公元前4世纪。中东博物馆，柏林。

078　　　埃内斯特·德·萨尔泽克和他的考古队，照片，采自《迦勒底的发现》，萨尔泽克，1884—1912年。

079 上　泰罗出土的闪长岩古地亚头像。卢浮宫博物馆，巴黎。

079 下　古地亚手捧有流水倾泻的花瓶雕像，藏处同上。

080　　　在泰罗发现的恩铁美纳的银花瓶，新苏美尔艺术。藏处同上。

081　　　秃鹫石碑，采自《迦勒底的发现》，萨尔泽克，1884—1912年。

082　　　在尼普尔挖掘期间发现的花瓶，照片，1890年。

083 上　在尼普尔遗址被发现的闪长岩蟾蜍石边缘刻的一篇苏美尔语题献铭文。

083 下　（叠图）赫尔曼·希尔普雷希特（Hermann Hilprecht）正在工作，照片，约1909年。

084~085　对塔庙和神庙区域的挖掘，照片，约1890年。

086 上　在尼普尔考古工地测定陶瓷，照片，约1970年。

086 下　对陶器碎片进行分类，同上。

087　　　在尼普尔发掘现场开展地层学研究，照片。

088~089　马尔杜克神庙和"巴别塔"的木制石膏复原模型，原型属尼布甲尼撒二世时期，模型由沃尔特·安德烈（Walter Andrae）制作，中东博物馆，柏林。

089 下	罗伯特·科尔德威（Robert Koldewey）肖像，绘画，约 1890 年。
090~091 上	科尔德威对巴比伦的伊什塔尔门进行清理，照片，1902 年，采自《德国东方学会科学出版物》（*Wissenschaftliche Veröffentlichung der Deutschen Orient Gesselchaft*）32，"Ishtar Tor"，R. 科尔德威，1918 年。
090~091 下	巴比伦中心区遗址，照片，1905 年，出处同上。
092~093	伊什塔尔门的清晰视图，照片，出处同上。
094~095	公元前 6 世纪巴比伦的迎神游行路线和伊什塔尔门复原模型。中东博物馆，柏林。
095 右上	伊什塔尔门的搪瓷砖，代表马尔杜克的龙。藏处同上。
095 右下	伊什塔尔门的搪瓷砖，代表阿达德的公牛。藏处同上。
096	《沃尔特·安德烈肖像》（*Portrait de Walter Andrae*），J. 沃尔特·库劳（J.Walter–Kurau）绘制，1915 年，藏处同上。
097	在阿苏尔发现的正方形釉面陶瓷，约公元前 8 世纪。藏处同上。
098~099	《亚述神庙的庭院》（*Cour d'un temple assyrien*），水彩画，沃尔特·安德烈为歌剧《萨达纳贝尔》（*Sardanapale*）创作，1907 年。
100	在阿苏尔发现的釉面砖，水彩画，沃尔特·安德烈绘制，采自《亚述彩色陶器》（*Assur farbige Keramik*），沃尔特·安德烈，1923 年。
102~103	1928 年，约旦在瓦尔卡的挖掘，照片，采自《德国东方学会科学出版物》51，"乌鲁克－瓦尔卡"，J. 约旦（J.Jordan），1930 年。
103 左（叠图）、右	在瓦尔卡发现的记账泥版可追溯到大约公元前 3200 年。
104	乌鲁克 C 神庙遗址，照片。
105	美索不达米亚自 19 世纪中期以来开放的主要挖掘场地地图。
106	乌尔皇家公墓出土的公羊塑像，用黄金和青金石制成，约公元前 2600 年。大英博物馆，伦敦。
107 上	在乌尔皇家公墓发现的四把七弦琴中的一把上装饰着公牛的头像，镶嵌着黄金，红玛瑙和青金石。藏处同上。
107 下	1928—1929 年在乌尔发现公羊塑像的现场，照片。
108、109	乌尔葬礼的复原模型以及其中一座皇家陵墓的平面图，采自《在乌尔的发掘》（*Ur Excavations*）第 2 卷，"皇家公墓"，L. 伍莱，1934 年。
110~111	乌尔"旗帜"展示"和平"图景的一面，镶嵌着青金石、贝壳和石灰岩，出土于乌尔皇家公墓，约公元前 2600 年。大英博物馆，伦敦。
112	埃利都的挖掘，照片，采自《埃利都》，F. 萨法尔和 S. 劳埃德，1982 年。

第五章

资料与文献

索引

图片版权

致谢

伽利玛出版社感谢：伊丽莎白·勒布雷顿（Elisabeth Lebreton）和妮可·契瓦利埃（Nicole Chevalier），卢浮宫博物馆，东方文物部；埃里克·让（Eric Jean），法国学院；哈珀柯林斯出版社（Harper Collins Editions）和面具出版社（Le Masque）为本书提供了帮助。出版商特别感谢法兰西学院亚述学内阁授权复制属于其藏品的许多文件。对本次重新发行，伽利玛出版社衷心感谢阿兰（Alain）和弗朗索瓦丝·博泰罗（Françoise Bottéro）。

文化篇

《卢浮宫：艺术回忆录》
《乔治·蓬皮杜艺术中心：被误解的博堡年代》
《文字：人类文明的记忆》

历史篇

《玛雅：失落的文明》
《庞贝：被埋没的城市》
《美索不达米亚：文明的诞生》
《印加：太阳的子民》
《阿兹特克：破碎的帝国命运》
《古埃及：被遗忘的文明古国》
《伊特鲁里亚：一个神秘的时代》

《爱因斯坦：思想的快乐》
《玛丽·居里：科学的信仰》
《弗洛伊德：疯狂中的真理》
《达尔文：进化的密码》
《伽利略：星星的使者》
《宇宙的命运：大爆炸之后》

科学篇

文学篇

《普鲁斯特：时间的殿堂》
《波伏瓦：书写的自由》
《托尔斯泰：伟大而孤独的文学巨匠》

艺术篇

《莫扎特：众神所爱》
《罗丹：天才之手》
《贝多芬：音乐的力量》
《毕加索：天才与疯子》
《达达主义：艺术的反抗》